Bilingual
VISUAL
dictionary

Bilingual

VISUAL

dictionary

Penguin Random House

Senior Editor Angela Wilkes
Project Art Editor Katie Eke
Production Editor Luca Frassinetti
Production Controller Linda Dare
Managing Art Editor Lee Griffiths
Managing Editor Stephanie Farrrow

Designed for Dorling Kindersley by
WaltonCreative.com

Art Editor Colin Walton, assisted by Tracy Musson
Designers Peter Radcliffe, Earl Neish, Ann Cannings
Picture Research Marissa Keating

Language content for Dorling Kindersley by
g-and-w PUBLISHING
Managed by Jane Wightwick
Translation by Kazumi Honda
Layout by Mark Wightwick
Editing by Cheryl Hutty

First American Edition, 2011
This edition published in the United States in 2016
by DK Publishing, 345 Hudson Street, New York,
New York 10014

A catalog record for this book is available from the
Library of Congress.
ISBN: 978-1-4654-4382-3

DK books are available at special discounts when
purchased in bulk for sales promotions, premiums,
fund-raising, or educational use. For details, contact:
DK Publishing Special Markets, 345 Hudson Street,
New York, New York 10014
SpecialSales@dk.com

Printed and bound in China
All images © Dorling Kindersley Limited
For further information see: www.dkimages.com

目次 mokuji
contents

人 hito • people

外観 gaikan • appearance

健康 kenkō • health

家庭 katei • home

職務 shokumu • services

買い物 kaimono • shopping

食べ物 tabemono • food

外食 gaishoku • eating out

この辞典について

情報の理解と記憶に視覚的資料が効果的なことは、既に実証されています。その原理に従って図版を主体に作成された本和英ビジュアル辞典は、広範な分野の実用的現代用語を収録しています。

内容はテーマ別に分けられ、レストラン、ジム、家庭や職場から、動物界や宇宙に至るまで、日常社会のほとんどの分野が詳細に網羅されています。さらに会話と語彙の拡大に役立てられるよう、関連用語や便利な言い回しも付け加えられています。

実用的で使いやすく、見ておもしろい本辞典は、日本語に関心のある方に欠かせない参考資料です。

表記法について
本辞典には、日本で一般に使われている漢字仮名まじり表記が使用されています。魚の名前など、漢字でも仮名でも表記できる言葉は、発音ガイドとして載せたローマ字から仮名の綴りが分かるため、漢字の方を使うようにしました。

発音ガイドには、日本語の学習者なら大抵知っているローマ字が使われています。ローマ字の表記法にはいくつかありますが、本書ではもっとも発音しやすいと思われる方法を選びました。なお、長音は母音の上に長音記号をつけて表記しています。

単語はすべて、次のように漢字・仮名、ローマ字、英語の順に掲載されています。

昼食	旅券
chūshoku	ryoken
lunch	**passport**

動詞は英語の後に (v) をつけて示しています。

収穫する shūkaku suru | **harvest (v)**

辞典の後ろには和英別の索引があり、ローマ字または英語で引きたい言葉を調べ、該当する図が載っているページを探すことができます。漢字・仮名の書き方を調べる場合は、先にローマ字または英語の索引を調べ、該当するページをご覧ください。

about the dictionary

The use of pictures is proven to aid understanding and the retention of information. Working on this principle, this highly-illustrated English–Japanese bilingual dictionary presents a large range of useful current vocabulary.

The dictionary is divided thematically and covers most aspects of the everyday world in detail, from the restaurant to the gym, the home to the workplace, outer space to the animal kingdom. You will also find additional words and phrases for conversational use and for extending your vocabulary.

This is an essential reference tool for anyone interested in languages – practical, stimulating, and easy-to-use.

A few things to note

The three different writing systems of the Japanese script (*Kanji*, *Katakana* and *Hiragana*) are employed in the dictionary following common usage. However, where alternative usages exist for individual items of vocabulary (for example animals), we have usually chosen to use Kanji since the pronunciation that follows will indicate the Katakana or Hiragana spellings.

The pronunciation included for the Japanese is shown in *Romaji*, the romanization system familiar to most learners of Japanese (see Pronunciation tips).

The entries are always presented in the same order – Japanese, Romaji, English:

昼食	旅券
chūshoku	ryoken
lunch	**passport**

Verbs are indicated by a **(v)** after the English, for example:

収穫する shūkaku suru | **harvest (v)**

Each language also has its own index at the back of the book. Here you can look up a word in either English or Romaji and be referred to the page number(s) where it appears. To reference the Japanese characters, look up a word in the Romaji or English index and then go to the page indicated.

Pronunciation tips

The pronunciation in the dictionary is shown in the Romaji system. There are some variations possible in Romaji, but we have tried to use the most user-friendly transcription.

Many of the letters used in Romaji can be pronounced as they would in English, but some require special explanation:

r	Never rolled; pronounced with the tip of the tongue against the gum of the upper front teeth
f	Pronounced more with the lips and less with the teeth than its English equivalent
w	A semi-vowel pronounced with slack lips
ts	As in "pi<u>ts</u>"
ei	As in "p<u>ay</u>" or "r<u>ei</u>n"
n/m	The Japanese characters ん and ン are generally pronounced "n" as in さん san, but this changes to "m" before the sounds "b" or "p", e.g. コンピュータ kompyūta.

Japanese vowels are pronounced short similar to the English "p<u>a</u>t/p<u>e</u>t/p<u>i</u>t/p<u>o</u>t/p<u>u</u>t". However, they can also be lengthened. This is shown in the Japanese script by a dash (ー) and in the Romaji by a macron (flat line) over the vowel (ū). Lengthened vowels should have the sound sustained for approximately twice the amount of time.

In general, Japanese words do not have a particular stress, or emphasis. Each syllable is stressed roughly equally. Take care also to pronounce the syllables separately; there are no 'silent' letters. For example, カフェ kafe is pronounced "ka-fay" rather than "kayf".

この辞典の使い方

仕事や趣味、海外旅行の準備で初めて日本語を習う方でも、あるいは既に日本語を知っていて語彙を伸ばしたい方でも、本書は大切な学習ツールとして様々な方法で使うことができます。

　初心者の方は、同語源語（外来語など異なる言語で語源が共通する言葉）や派生語（同一言語で語源が共通する言葉）に注目すると語彙の習得に便利です。また、こうした学習によって、異なる言語が互いに影響しあっていることも分かってくるでしょう。たとえば日本語には英語圏から流入した食物関連の言葉が多くありますが、一方、日本から英語圏へ流出した技術や大衆文化に関する言葉も多くあります。

実用的な学習方法

• 自宅、職場、学校や大学の構内を歩いているとき、辞典の該当するページを見てみましょう。そして辞典を閉じ、周りを見回して、名前をいえるものがいくつあるか見てみましょう。

• 単語カードを作り、表に英語、裏に漢字や仮名、ローマ字で日本語を書きましょう。単語カードは常に持ち歩き、頻繁に自分でテストしてみましょう。一回テストが終わったら、次のテストの前にカードを入れ替えましょう。

• 特定のページに載っている単語をできるだけたくさん使い、短い物語、手紙、会話文などを書いてみましょう。これは語彙を記憶し、書き方を覚えるのに役立ちます。長い文章を書いてみたい場合は、一つの文に単語を2〜3語使ってみましょう。

• 視覚的記憶に強い方は、紙に図を描くか写し、辞典を閉じて、図の下に単語を書いてみましょう。

• 自信がついてきたら、ローマ字索引から単語を選択し、該当ページの図を見る前に、その意味を覚えているかどうかチェックしましょう。

how to use this book

Whether you are learning a new language for business, pleasure, or in preparation for an overseas vacation, or are hoping to extend your vocabulary in an already familiar language, this dictionary is a valuable learning tool which you can use in a number of different ways.

When learning a new language, look out for cognates (words that are alike in different languages) and derivations (words that share a common root in a particular language). You can also see where the languages have influenced each other. For example, English has imported some terms for food from Japanese but, in turn, has exported many terms used in technology and popular culture.

Practical learning activities

• As you move about your home, workplace, or school, try looking at the pages which cover that setting. You could then close the book, look around you, and see how many of the objects and features you can name.

• Make flashcards for yourself with English on one side and Japanese/Romaji on the other side. Carry the cards with you and test yourself frequently, making sure you shuffle them between each test.

• Challenge yourself to write a story, letter, or dialogue using as many of the terms on a particular page as possible. This will help you retain the vocabulary and remember the spelling. If you want to build up to writing a longer text, start with sentences incorporating 2–3 words.

• If you have a very visual memory, try drawing or tracing items from the book onto a piece of paper, then closing the book and filling in the words below the picture.

• Once you are more confident, pick out words in the foreign-language index and see if you know what they mean before turning to the relevant page to see if you were right.

人 hito
people

身体 karada • body

首
kubi
neck

乳首
chikubi
nipple

頭
atama
head

胸
mune
chest

乳房
chibusa
breast

ウエスト
uesuto
waist

腹
hara
abdomen

臍
heso
navel

腰
koshi
hip

前腕
zenwan
forearm

太腿
futomomo
thigh

性器
seiki
genitals

股間
kokan
groin

膝
hiza
knee

脛
sune
shin

脚
ashi
leg

足
ashi
foot

男性
dansei
male

女性
josei
female

首筋
kubisuji
nape of neck

肩
kata
shoulder

腕
ude
arm

肘
hiji
elbow

手首
tekubi
wrist

手
te
hand

足首
ashikubi
ankle

背中
senaka
back

脇の下
waki no shita
armpit

背中の窪み
senaka no kubomi
small of back

尻
shiri
buttock

脹ら脛
fukurahagi
calf

踵
kakato
heel

女性
josei
female

男性
dansei
male

顔 kao • **face**

髪
kami
hair

皮膚
hifu
skin

額
hitai
forehead

眉毛
mayuge
eyebrow

こめかみ
komekami
temple

まつげ
matsuge
eyelash

目
me
eye

耳
mimi
ear

鼻
hana
nose

頬
hō
cheek

鼻の穴
hana no ana
nostril

黒子
hokuro
mole

口
kuchi
mouth

唇
kuchibiru
lip

顎
ago
chin

顎
ago
jaw

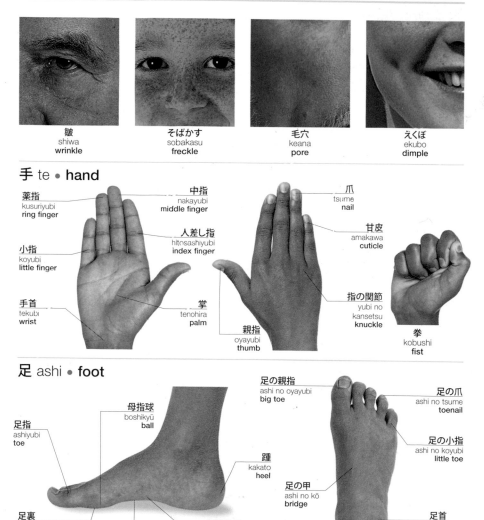

皺
shiwa
wrinkle

そばかす
sobakasu
freckle

毛穴
keana
pore

えくぼ
ekubo
dimple

手 te • hand

薬指
kusuriyubi
ring finger

中指
nakayubi
middle finger

人差し指
hitosashiyubi
index finger

爪
tsume
nail

甘皮
amakawa
cuticle

小指
koyubi
little finger

手首
tekubi
wrist

掌
tenohira
palm

親指
oyayubi
thumb

指の関節
yubi no
kansetsu
knuckle

拳
kobushi
fist

足 ashi • foot

母指球
boshikyū
ball

足の親指
ashi no oyayubi
big toe

足の爪
ashi no tsume
toenail

足指
ashiyubi
toe

踵
kakato
heel

足の小指
ashi no koyubi
little toe

足の甲
ashi no kō
bridge

足裏
ashiura
sole

足の甲の内側
ashi no kō no uchigawa
instep

土踏まず
tsuchifumazu
arch

足首
ashikubi
ankle

筋肉 kinniku • muscles

前頭筋
zentōkin
frontal

胸筋
kyōkin
pectoral

三角筋
sankakukin
deltoid

僧帽筋
sōbōkin
trapezius

肋間筋
rokkankin
intercostal

広背筋
kōhaikin
latissimus dorsi

二頭筋
nitōkin
biceps

三頭筋
santōkin
triceps

腹筋
fukkin
abdominals

大殿筋
daidenkin
buttock

ハムストリング筋
hamusutoringukin
hamstring

四頭筋
yontōkin
quadriceps

アキレス腱
akiresuken
Achilles tendon

腓腹筋
hifukukin
calf

骨格 kokkaku • skeleton

鎖骨
sakotsu
collarbone

頭蓋骨
zugaikotsu
skull

肩甲骨
kenkōkotsu
shoulder blade

頸骨
gakkotsu
jaw

頸椎
keitsui
cervical vertebrae

胸骨
kyōkotsu
breastbone

上腕骨
jōwankotsu
humerus

胸椎
kyōtsui
thoracic vertebrae

肋骨
rokkotsu
rib

胸郭
kyōkaku
rib cage

尺骨
shakkotsu
ulna

中手骨
chūshukotsu
metacarpal

腰椎
yōtsui
lumbar vertebrae

橈骨
tōkotsu
radius

骨盤
kotsuban
pelvis

尾骨
bikotsu
tailbone

膝蓋骨
shitsugaikotsu
kneecap

大腿骨
daitaikotsu
femur

背骨
sebone
spine

腓骨
hikotsu
fibula

頸骨
keikotsu
tibia

関節 kansetsu • joint

軟骨
nankotsu
cartilage

靭帯
jintai
ligament

中足骨
chūsokkotsu
metatarsal

骨
hone
bone

腱
ken
tendon

内蔵 naizō • internal organs

甲状腺
kōjōsen
thyroid gland

肝臓
kanzō
liver

気管
kikan
windpipe

十二指腸
jūnishichō
duodenum

肺
hai
lung

腎臓
jinzō
kidney

心臓
shinzō
heart

胃
i
stomach

膵臓
suizō
pancreas

脾臓
hizō
spleen

小腸
shōchō
small intestine

大腸
daichō
large intestine

盲腸
mōchō
appendix

頭 atama • **head**

頭脳
zunō
brain

前頭洞
zentōdō
sinus

口蓋
kōgai
palate

舌
shita
tongue

喉頭
kōtō
larynx

のど仏
nodobotoke
Adam's apple

声帯
seitai
vocal cords

咽頭
intō
pharynx

喉頭蓋
kōtōgai
epiglottis

食道
shokudō
oesophagus

咽
nodo
throat

人体系統 jintai keitō • **body systems**

横隔膜
ōkakumaku
diaphragm

静脈
jōmyaku
vein

動脈
dōmyaku
artery

呼吸器系
kokyūki kei
respiratory

消化器系
shōkaki kei
digestive

循環系
junkan kei
cardiovascular

リンパ系
rimpa kei
lymphatic

腺
sen
gland

神経
shinkei
nerve

泌尿器系
hinyōki kei
urinary

内分泌系
naibumpi kei
endocrine

神経系
shinkei kei
nervous

生殖器系
seishokuki kei
reproductive

生殖器 seishokuki • **reproductive organs**

卵管
rankan
fallopian tube

卵胞
ranhō
follicle

卵巣
ransō
ovary

膀胱
bōkō
bladder

子宮
shikyū
uterus

クリトリス
kuritorisu
clitoris

尿道
nyōdō
urethra

子宮頸
shikyūkei
cervix

膣
chitsu
vagina

陰唇
inshin
labia

女性 josei | female

生殖 seishoku • **reproduction**

精子
seishi
sperm

卵子
ranshi
egg

受精 jusei | fertilization

関連用語 kanrenyōgo • **vocabulary**

ホルモン horumon **hormone**	不能症 funōshō **impotent**	月経 gekkei **menstruation**
排卵 hairan **ovulation**	妊娠できる ninshin dekiru **fertile**	性交 seikō **intercourse**
不妊症 funinshō **infertile**	妊娠する ninshin suru **conceive**	性感染症 sei kansenshō **sexually transmitted disease**

射精管
shasei kan
ejaculatory duct

輸精管
yusei kan
vas deferens

尿管
nyō kan
ureter

精囊
seinō
seminal vesicle

前立腺
zenritsusen
prostate

直腸
chokuchō
rectum

精巣
seisō
testicle

ペニス
penisu
penis

包皮
hōhi
foreskin

陰囊
innō
scrotum

男性 dansei | male

避妊 hinin • contraception

キャップ
kyappu
cervical cap

ペッサリー
pessarī
diaphragm

コンドーム
kondōmu
condom

IUD
ai yū dī
IUD

ピル
piru
pill

家族 kazoku • family

祖母
sobo
grandmother

祖父
sofu
grandfather

叔父/伯父
oji
uncle (older/ younger)

叔母/伯母
oba
aunt (older/ younger)

父
chichi
father

母
haha
mother

従兄弟
itoko
cousin

兄弟
kyōdai
brother

姉妹
shimai
sister

妻
tsuma
wife

嫁
yome
daughter-in-law

息子
musuko
son

娘
musume
daughter

婿
muko
son-in-law

孫息子
mago musuko
grandson

孫娘
mago musume
granddaughter

夫
otto
husband

関連用語 kanrenyōgo • vocabulary

親類 shinrui **relatives**	両親 ryōshin **parents**	孫 mago **grandchildren**	継母 mama haha **stepmother**	継息子 mama musuko **stepson**	世代 sedai **generation**
祖父母 sofubo **grandparents**	子供 kodomo **children**	継父 mama chichi **stepfather**	継娘 mama musume **stepdaughter**	配偶者 haigūsha **partner**	双子 futago **twins**

義母
gibo
mother-in-law

義父
gitu
father-in-law

義兄弟
gikyōdai
brother-in-law

義理の姉妹
giri no shimai
sister-in-law

姪
mei
niece

甥
oi
nephew

ちゃん
chan
Miss

敬称 keishō • titles

さん
san
Mrs.

さん
san
Mr.

成長段階 seichō dankai • stages

乳児
nyūji
baby

子供
kodomo
child

男の子
otoko no ko
boy

女の子
onna no ko
girl

ティーンエージャー
tīn'ējā
teenager

大人
otona
adult

男性
dansei
man

女性
josei
woman

人間関係 ningen kankei • relationships

| アシスタント
ashisutanto
assistant | マネージャー
manējā
manager | ビジネス・パートナー
bijinesu pātonā
business partner | 雇用主
koyōnushi
employer | 従業員
jūgyōin
employee | 同僚
dōryō
colleague |

オフィス ofisu | office

| 隣人
rinjin
neighbor | 友人
yūjin
friend | 知人
chijin
acquaintance | ペンパル
pemparu
pen pal |

ボーイフレンド
bōifurendo
boyfriend

ガールフレンド
gārufurendo
girlfriend

婚約者
kon'yakusha
fiancé

婚約者
kon'yakusha
fiancée

カップル kappuru | couple

婚約中のカップル kon'yaku-chū no kappuru | engaged couple

感情 kanjō • **emotions**

微笑
bishō
smile

嬉しい
ureshī
happy

悲しい
kanashī
sad

興奮する
kōfun suru
excited

飽きる
akiru
bored

驚く
odoroku
surprised

怖がる
kowagaru
scared

しか目面
shikame-zura
frown

怒る
okoru
angry

混乱する
konran suru
confused

心配する
shimpai suru
worried

不安
fuan
nervous

誇る
hokoru
proud

自信
jishin
confident

恥ずかしい
hazukashī
embarrassed

はにかむ
hanikamu
shy

関連用語 kanrenyōgo • **vocabulary**

狼狽する rōbai suru **upset**	笑う warau **laugh (v)**	溜息をつく tameiki o tsuku **sigh (v)**	怒鳴る donaru **shout (v)**
衝撃を受ける shōgeki o ukeru **shocked**	泣く naku **cry (v)**	気絶する kizetsu suru **faint (v)**	欠伸する akubi suru **yawn (v)**

人生 jinsei • life events

生まれる
umareru
be born (v)

入学する
nyūgaku suru
start school (v)

友達になる
tomodachi ni naru
make friends (v)

卒業する
sotsugyō suru
graduate (v)

就職する
shūshoku suru
get a job (v)

恋愛する
ren'ai suru
fall in love (v)

結婚する
kekkon suru
get married (v)

出産する
shussan suru
have a baby (v)

結婚式 kekkonshiki | wedding

離婚
rikon
divorce

葬式
sōshiki
funeral

関連用語 kanrenyōgo • vocabulary

洗礼
senrei
christening

バルミツバー
barumitsubā
bar mitzvah

記念日
kinembi
anniversary

移民する
imin suru
emigrate (v)

退職する
taishoku suru
retire (v)

死ぬ
shinu
die (v)

遺言状を書く
yuigonjō o kaku
make a will (v)

出生証明書
shussei shōmeisho
birth certificate

結婚披露宴
kekkon hirōen
wedding reception

ハネムーン
hanemūn
honeymoon

お祝い oiwai • celebrations

祭り matsuri • festivals

誕生パーティー
tanjō pātī
birthday party

カード
kādo
card

プレゼント
purezento
present

誕生日
tanjōbi
birthday

クリスマス
kurisumasu
Christmas

過越祭
sugikoshimatsuri
Passover

正月
shōgatsu
New Year

カーニバル
kānibaru
carnival

行列
gyōretsu
procession

ラマダーン
ramadān
Ramadan

リボン
ribon
ribbon

感謝祭
kanshasai
Thanksgiving

復活祭
fukkatsusai
Easter

ハロウィーン
harowīn
Halloween

ディワーリ
diwāri
Diwali

外観 gaikan
appearance

子供服 kodomo fuku • children's clothing

赤ちゃん akachan • baby

スノースーツ
sunōsūtsu
snowsuit

肌着
hadagi
undershirt

ベビーグロー
bebīgurō
coverall

スナップ
sunappu
snap

スリープスーツ
surīpusūtsu
sleeper

ロンパース
rompāsu
romper

よだれ掛け
yodarekake
bib

ミトン
miton
mittens

ブーティ
būti
booties

おむつ
omutsu
cloth diaper

紙おむつ
kami omutsu
disposable diaper

おむつカバー
omutsu kabā
plastic pants

幼児 yōji • toddler

Tシャツ
tīshatsu
T-shirt

オーバーオール
ōbāōru
overalls

日よけ帽
hiyokebō
sun hat

半ズボン
hanzubon
shorts

スカート
sukāto
skirt

エプロン
epuron
apron

子供 kodomo • child

ワンピース
wampīsu
dress

フード
fūdo
hood

ジーパン
jīpan
jeans

リュックサック
ryukkusakku
backpack

トグルボタン
togurubotan
toggle

マフラー
mafurā
scarf

アノラック
anorakku
parka

サンダル
sandaru
sandals

長靴
nagagutsu
wellington boots

夏
natsu
summer

レインコート
reinkōto
raincoat

秋
aki
fall

ダッフルコート
daffurukōto
duffle coat

冬
fuyu
winter

ナイトガウン
naitogaun
bathrobe

ロゴ
rogo
logo

スニーカー
sunīkā
athletic shoes

ネグリジェ
negurije
nightgown

スリッパ
surippa
slippers

寝間着
nemaki
nightwear

サッカー着
sakkā-gi
soccer uniform

トラックスーツ
torakkusūtsu
jogging suit

レギンス
reginsu
leggings

関連用語 kanrenyōgo • vocabulary

天然繊維 tennen sen'i **natural fiber**	洗濯機で洗えますか。 sentakki de araemasuka? **Is it machine washable?**
合成繊維 gōsei sen'i **synthetic**	2歳児に着れますか。 nisai-ji ni kiremasuka? **Will this fit a two-year-old?**

男性服 dansei fuku • **men's clothing**

襟
eri
collar

ネクタイ
nekutai
tie

ベルト
beruto
belt

ラペル
raperu
lapel

ボタンホール
botanhōru
buttonhole

袖口
sodeguchi
cuff

ポケット
poketto
pocket

上着
uwagi
jacket

ボタン
botan
button

ズボン
zubon
pants

裏地
uraji
lining

スーツ
sūtsu
business suit

レインコート
reinkōto
raincoat

革靴
kawagutsu
**leather
shoes**

関連用語 kanrenyōgo • **vocabulary**

カーディガン kādigan **cardigan**	下着 shitagi **underwear**	コート kōto **coat**	短い mijikai **short**
ナイトガウン naitogaun **dressing gown**	トラックスーツ torakkusūtsu **jogging suit**	長い nagai **long**	

もっと大きい／小さいサイズはありますか。
motto ōkī/chīsai saizu wa arimasuka?
Do you have this in a larger/smaller size?

試着できますか。
shichaku dekimasuka?
May I try this on?

Vネック
buinekku
V-neck

丸首
marukubi
round neck

Tシャツ
tīshatsu
T-shirt

ジーンズ
jinzu
jeans

ブレザー
burezā
blazer

スポーツジャケット
supōtsu jaketto
sportcoat

ベスト
besuto
waistcoat

アノラック
anorakku
parka

トレーナー
torēnā
sweatshirt

ワイシャツ
waishatsu
shirt

セーター
sētā
sweater

パジャマ
pajama
pajamas

肌着
hadagi
vest

カジュアルウェア
kajuaruwea
casual wear

短パン
tampan
shorts

ブリーフ
burīfu
briefs

ボクサーショーツ
bokusāshōtsu
boxer shorts

靴下
kutsushita
socks

女性服 josei fuku • **women's clothing**

ジャケット
jaketto
jacket

縫い目
nuime
seam

ストラップレス
sutorappuresu
strapless

ノースリーブ
nōsurību
sleeveless

袖
sode
sleeve

くるぶし丈
kurubushi-take
ankle length

イブニングドレス
ibuningudoresu
evening dress

ワンピース
wampīsu
dress

スカート
sukāto
skirt

ブラウス
burausu
blouse

裾
suso
hem

膝丈
hiza-take
knee-length

スラックス
surakkusu
pants

靴
kutsu
shoes

カジュアルウェア
kajuaruwea
casual

ランジェリー ranjerī • lingerie

ドレッシングガウン
doresshingu gaun
robe

スリップ
surippu
slip

キャミソール
kyamisōru
camisole

ストラップ
sutorappu
strap

バスク
basuku
bustier

ガーター
gātā
garter

ストッキング
sutokkingu
stocking

パンスト
pansuto
pantyhose

ブラジャー
burajā
bra

パンティ
panti
panties

ネグリジェ
negurije
nightgown

結婚式 kekkonshiki • wedding

ベール
bēru
veil

レース
rēsu
lace

ブーケ
būke
bouquet

トレーン
torēn
train

ウェディングドレス
wedingudoresu
wedding dress

関連用語 kanrenyōgo • vocabulary

コルセット
korusetto
corset

テーラード
tērādo
tailored

ガーター
gātā
garter

ホールターネック
hōrutā nekku
halter neck

ショルダーパッド
shorudāpaddo
shoulder pad

ワイヤーカップ
waiyā kappu
underwired

ウエストバンド
uesutobando
waistband

スポーツ用ブラジャー
supōtsu-yō burajā
sports bra

装身具 sōshingu • accessories

野球帽
yakyūbō
cap

帽子
bōshi
hat

スカーフ
sukāfu
scarf

バックル
bakkuru
buckle

ベルト
beruto
belt

柄
e
handle

先端
sentan
tip

ハンカチ
hankachi
handkerchief

蝶ネクタイ
chōnekutai
bow tie

ネクタイピン
nekutaipin
tie-pin

手袋
tebukuro
gloves

傘
kasa
umbrella

アクセサリー akusesarī • jewelry

ペンダント
pendanto
pendant

ブローチ
burōchi
brooch

カフスボタン
kafusubotan
cufflink

真珠の首飾り
shinju no kubikazari
string of pearls

リンク
rinku
link

クラスプ
kurasupu
clasp

イヤリング
iyaringu
earring

指輪
yubiwa
ring

宝石
hōseki
stone

ネックレス
nekkuresu
necklace

腕時計
udedokei
watch

ブレスレット
buresuretto
bracelet

チェーン
chēn
chain

宝石箱 hōseki-bako | jewelry box

バッグ baggu • bags

留め金
tomegane
fastening

ストラップ
sutorappu
shoulder strap

取っ手
totte
handles

札入れ
satsuire
wallet

財布
saifu
purse

ショルダーバッグ
shorudābaggu
shoulder bag

旅行鞄
ryokokaban
duffle bag

ブリーフケース
burīfukēsu
briefcase

ハンドバッグ
handobaggu
handbag

リュックサック
ryukkusakku
backpack

靴 kutsu • shoes

靴紐穴
kutsuhimo
ana
eyelet

靴紐
kutsuhimo
lace

ベロ
bero
tongue

靴底
kutsuzoko
sole

ハイキングブーツ
haikingu būtsu
walking boot

スニーカー
sunīkā
athletic shoe

編上靴
amiagegutsu
lace-up

踵
kakato
heel

ブーツ
būtsu
boot

ゴム草履
gomuzōri
flip-flop

短靴
tangutsu
leather shoe

ハイヒール
haihīru
high-heeled shoe

ウェッジヒール
uejjihīru
wedge

サンダル
sandaru
sandal

スリッポン
surippon
slip-on

パンプス
panpusu
pump

髪 kami • hair

櫛
kushi
comb

櫛で梳く
kushi de suku
comb (v)

ヘアブラシ
heaburashi
brush

ブラシをかける | burashi o kakeru | **brush (v)**

美容師
biyoushi
hairdresser

シャンプー台
shampū dai
sink

客
kyaku
client

洗う arau | **wash (v)**

濯ぐ
yusugu
rinse (v)

ガウン
gaun
robe

カットする
katto suru
cut (v)

ブローする
burō suru
blow-dry (v)

セットする
setto suru
set (v)

備品 bihin • accessories

ヘアドライヤー
headoraiyā
hairdryer

シャンプー
shampū
shampoo

コンディショナー
kondishonā
conditioner

ジェル
jeru
gel

ヘアスプレー
heasupurē
hairspray

カールアイロン
kāru airon
curling tongs

鋏
hasami
scissors

ヘアバンド
heabando
hairband

ストレートヘアアイロン
sutorēto hea airon
hair straighteners

ヘアピン
heapin
hairpin

髪型 kamigata • **styles**

ポニーテール
ponītēru
ponytail

三つ編み
mitsuami
braid

フレンチプリーツ
furenchi purītsu
French braid

お団子
odango
bun

お下げ
osage
pigtails

ボブ
bobu
bob

坊ちゃん刈り
botchangari
crop

カール
kāru
curly

パーマ
pāma
perm

ストレート
sutorēto
straight

毛根
mōkon
roots

ハイライト
hairaito
highlights

はげ頭
hageatama
bald

鬘
katsura
wig

関連用語 kanrenyōgo • **vocabulary**

整髪する seihatsu suru **trim (v)**	脂質 abura shitsu **greasy**
ストレートにする sutorēto ni suru **straighten (v)**	乾燥質 kansō shitsu **dry**
床屋 tokoya **barber**	普通 futsū **normal**
フケ fuke **dandruff**	頭皮 tōhi **scalp**
枝毛 edage **split ends**	ヘアタイ heatai **hairband**

ヘアカラー hea karā • **colours**

ブロンド
burondo
blonde

ブルネット
burunetto
brunette

赤茶色
akachairo
auburn

赤毛
akage
red

黒髪
kurokami
black

グレー
gurē
gray

ホワイト
howaito
white

染髪
sempatsu
dyed

美容 biyō • beauty

ヘアカラー
heakarā
hair dye

メーキャップ mēkyappu • makeup

アイブロウペンシル
aiburow penshiru
eyebrow pencil

アイシャドー
aishadō
eye shadow

アイブロウブラシ
aiburow burashi
eyebrow brush

毛抜き
kenuki
tweezers

マスカラ
masukara
mascara

リップグロス
rippu gurosu
lip gloss

リップブラシ
rippu burashi
lip brush

アイライナー
airainā
eyeliner

リップライナー
rippu rainā
lip liner

頬紅
hōbeni
blusher

ブラシ
burashi
brush

コンシーラー
konshīrā
concealer

コンパクトミラー
kompakuto mirā
mirror

ファンデーション
fandēshon
foundation

白粉
oshiroi
face powder

口紅
kuchibeni
lipstick

パフ
pafu
powder puff

コンパクト kompakuto | compact

エステ esute • beauty treatments

フェースパック
fēsu pakku
face mask

サンベッド
sambeddo
sunbed

フェーシャル
fēsharu
facial

角質除去する
kakushitsu jokyo suru
exfoliate (v)

ワックス
wakkusu
wax

ペディキュア
pedikyua
pedicure

マニキュア manikyua • manicure

除光液
jokō eki
nail polish remover

爪やすり
tsume yasuri
nail file

マニキュア
manikyua
nail polish

爪切り鋏
tsumekiri-basami
nail scissors

爪切り
tsumekiri
nail clippers

化粧品 keshōhin • toiletries

クレンザー
kurenzā
cleanser

化粧水
keshōsui
toner

乳液
nyūeki
moisturizer

セルフタンニング・クリーム
serufu tanningu kurīmu
self-tanning cream

香水
kōsui
perfume

オードトワレ
ōdotoware
cologne

関連用語 kanrenyōgo • vocabulary

肌の色 hada no iro **complexion**	脂肌 abura hada **oily**	日焼け hiyake **tan**
色白 irojiro **fair**	敏感肌 binkan hada **sensitive**	入れ墨 irezumi **tattoo**
色黒 iroguro **dark**	低刺激性 tei-shigeki sei **hypoallergenic**	皺取り shiwa tori **anti-wrinkle**
乾燥肌 kansō hada **dry**	色合い iroai **shade**	コットンボール kotton bōru **cotton balls**

健康 kenkō
health

病気 byōki • illness

熱 netsu | fever

頭痛
zutsū
headache

鼻血
hanaji
nosebleed

咳
seki
cough

くしゃみ
kushami
sneeze

風邪
kaze
cold

インフルエンザ
infuruenza
flu

吸入器
kyūnyūki
inhaler

喘息
zensoku
asthma

腹痛
fukutsū
cramps

吐き気
hakike
nausea

水痘
suitō
chickenpox

発疹
hosshin
rash

関連用語 kanrenyōgo • vocabulary

脳卒中 nōsotchū **stroke**	糖尿病 tōnyōbyō **diabetes**	アトピー性皮膚炎 atopīsei hifuen **eczema**
悪寒 okan **chill**	吐く haku **vomit (v)**	下痢 geri **diarrhea**
血圧 ketsuatsu **blood pressure**	アレルギー arerugī **allergy**	感染 kansen **infection**
胃痛 itsū **stomachache**	癲癇 tenkan **epilepsy**	麻疹 hashika **measles**
心臓発作 shinzōhossa **heart attack**	花粉症 kafunshō **hayfever**	ウイルス uirusu **virus**
失神する shisshin suru **faint (v)**	片頭痛 henzutsū **migraine**	おたふく風邪 otafukukaze **mumps**

医者 isha • **doctor**
診察 shinsatsu • **consultation**

医者
isha
doctor

レントゲン・ビュアー
rentogen byuā
X-ray viewer

処方箋
shohōsen
prescription

患者
kanja
patient

看護婦
kangofu
nurse

体重計
taijū-kei
scale

加圧帯
ka'atsutai
cuff

電子血圧計
denshi ketsuatsukei
electric blood pressure monitor

関連用語 kanrenyōgo • **vocabulary**

予約
yoyaku
appointment

予防接種
yobō-sesshu
vaccination

診療室
shinryō-shitsu
surgery

体温計
taionkei
thermometer

待合室
machiai-shitsu
waiting room

診察
shinsatsu
medical examination

医者に行かなければなりません。
isha ni ikanakereba narimasen.
I need to see a doctor.

ここが痛い。
koko ga itai.
It hurts here.

怪我 kega • injury

三角布
sankakufu
sling

ギブス
gibusu
neck brace

骨折
kossetsu
fracture

鞭打ち症
muchiuchishō
whiplash

捻挫 nenza | sprain

切り傷
kirikizu
cut

擦り傷
surikizu
graze

痣
aza
bruise

刺
toge
splinter

日焼け
hiyake
sunburn

火傷
yakedo
burn

かみ傷
kamikizu
bite

虫刺され
mushi-sasare
sting

関連用語 kanrenyōgo • vocabulary

事故
jiko
accident

出血
shukketsu
hemorrhage

中毒
chūdoku
poisoning

大丈夫でしょうか。
daijōbu deshōka?
Will he/she be all right?

緊急事態
kinkyūjitai
emergency

水ぶくれ
mizubukure
blister

感電
kanden
electric shock

どこが痛みますか。
doko ga itamimasuka?
Where does it hurt?

傷
kizu
wound

脳しんとう
nōshintō
concussion

頭部外傷
tōbu gaishō
head injury

救急車を呼んでください。
kyūkyūsha o yonde kudasai.
Please call an ambulance.

応急手当 ōkyū teate • **first aid**

軟膏
nankō
ointment

バンドエード
bandoēdo
bandage

安全ピン
anzempin
safety pin

包帯
hōtai
bandage

痛み止め
itami-dome
painkillers

消毒ワイプ
shōdoku waipu
antiseptic wipe

ピンセット
pinsetto
tweezers

鋏
hasami
scissors

消毒液
shōdoku eki
antiseptic

救急箱 kyūkyūbako | **first-aid box**

ガーゼ
gāze
gauze

手当
teate
dressing

副木 fukuboku | **splint**

絆創膏
bansōkō
adhesive tape

救急蘇生
kyūkyū sosei
resuscitation

関連用語 kanrenyōgo • **vocabulary**			
ショック shokku **shock**	脈拍 myakuhaku **pulse**	窒息する chissoku suru **choke (v)**	助けてください。 tasukete kudasai. **Please help.**
意識不明 ishikifumei **unconscious**	呼吸 kokyū **breathing**	殺菌 sakkin **sterile**	応急手当のやり方を知っていますか。 ōkyū teate no yarikata o shitte imasuka? **Do you know first aid?**

病院 byōin • hospital

外科医
geka-i
surgeon

カルテ
karute
chart

麻酔士
masui-shi
anaesthetist

看護婦
kangofu
nurse

手術室
shujutsu-shitsu
operating theatre

血液検査
ketsueki kensa
blood test

注射
chūsha
injection

レントゲン
rentogen
X-ray

スキャン
sukyan
scan

車輪付き担架
sharin-tsuki tanka
gurney

呼び出しボタン
yobidashi botan
call button

車椅子
kurumaisu
wheelchair

緊急治療室
kinkyū chiryō-shitsu
emergency room

病室
byōshitsu
ward

関連用語 kanrenyōgo • vocabulary

手術 shujutsu **operation**	**退院** tai'in **discharged**	**面会時間** menkai jikan **visiting hours**	**小児病棟** shōni byōtō **children's ward**	**集中治療室** shūchū chiryō-shitsu **intensive care unit**
入院 nyūin **admitted**	**診療所** shinryojo **clinic**	**産科病棟** sanka byōtō **maternity ward**	**個室** koshitsu **private room**	**外来患者** gairaikanja **outpatient**

医療部門 iryō bumon • departments

耳鼻咽喉科
jibi'inkō-ka
ENT (otolaryngology)

心臓病科
shinzōbyō-ka
cardiology

整形外科
seikeige-ka
orthopedics

婦人科
fujin-ka
gynecology

理学療法科
rigakuryōhō-ka
physiotherapy

皮膚科
hifu-ka
dermatology

小児科
shōni-ka
pediatrics

放射線科
hōshasen-ka
radiology

外科
geka
surgery

産科
sanka
maternity

精神科
seishin-ka
psychiatry

眼科
ganka
ophthalmology

関連用語 kanrenyōgo • vocabulary

神経科 shinkei-ka **neurology**	**泌尿器科** hinyōki-ka **urology**	**内分泌科** naibumpi-ka **endocrinology**	**病理科** byōri-ka **pathology**	**結果** kekka **result**
癌科 gan-ka **oncology**	**形成外科** keisei-geka **plastic surgery**	**照会** shōkai **referral**	**検査** kensa **test**	**専門医** senmon'i **consultant**

歯医者 haisha • dentist

歯 ha • tooth

エナメル質
enamerushitsu
enamel

歯茎
haguki
gum

神経
shinkei
nerve

根
ne
root

小臼歯
shōkyūshi
premolar

切歯
sesshi
incisor

臼歯
kyūshi
molar

犬歯
kenshi
canine

関連用語 kanrenyōgo • vocabulary

歯痛
haita
toothache

ドリル
doriru
drill

歯垢
shikō
plaque

デンタルフロス
dentaru furosu
dental floss

虫歯
mushiba
decay

抜歯
basshi
extraction

詰め物
tsumemono
filling

歯冠
shikan
crown

歯科検診 shika kenshin • checkup

反射鏡
hanshakyō
reflector

探針
tanshin
probe

エプロン
epuron
apron

うがい台
ugai dai
sink

歯科ユニット
shika yunitto
dentist's chair

デンタルフロスで掃除する
dentaru furosu de sōji suru
floss (v)

歯磨きする
hamigaki suru
brush (v)

歯列矯正ブリッジ
shiretsu kyōsei burijji
brace

歯科レントゲン
shika rentogen
dental X-ray

レントゲン写真
rentogen shashin
X-ray film

入れ歯
ireba
dentures

眼鏡店 megane-ten • **optometrist**

ケース
kēsu
case

レンズ
renzu
lens

フレーム
furēmu
frame

眼鏡
megane
glasses

サングラス
sangurasu
sunglasses

洗浄液
senjō eki
cleaning fluid

消毒液
shōdoku eki
disinfectant solution

レンズケース
renzu kēsu
lens case

視力検査 shiryoku kensa | **eye test**

コンタクトレンズ kontakutorenzu | **contact lenses**

目 me • **eye**

眉毛
mayuge
eyebrow

瞼
mabuta
eyelid

瞳孔
dōkō
pupil

まつげ
matsuge
eyelash

虹彩
kōsai
iris

網膜
mōmaku
retina

水晶体
suishōtai
lens

視神経
shishinkei
optic nerve

角膜
kakumaku
cornea

関連用語 kanrenyōgo • **vocabulary**

視力 shiryoku **vision**	乱視 ranshi **astigmatism**
ジオプター jioputā **diopter**	遠視 enshi **farsightedness**
涙 namida **tear**	近視 kinshi **nearsightedness**
白内障 hakunaishō **cataract**	遠近両用 enkin ryōyō **bifocal**

妊娠 ninshin • pregnancy

スキャン
sukyan
scan

妊娠テスト
ninshin tesuto
pregnancy test

へその緒
hesono'o
umbilical cord

胎盤
taiban
placenta

頸部
keibu
cervix

子宮
shikyū
uterus

超音波（検査）chōompa | **ultrasound**

胎児 taiji | **fetus**

関連用語 kanrenyōgo • vocabulary

排卵 hairan **ovulation**	出産前 shussan mae **prenatal**	羊水穿刺 yōsui senshi **amniocentesis**	子宮頸部拡張 shikyū keibu kakuchō **dilation**	分娩 bumben **delivery**	逆子 sakago **breech**
受胎 jutai **conception**	胚 hai **embryo**	陣痛 jintsū **contraction**	硬膜外麻酔 kōmaku-gai masui **epidural**	誕生 tanjō **birth**	未熟児 mijukuji **premature**
妊娠 ninshin **pregnant**	子宮 shikyū **womb**	破水する hasui suru **break water (v)**	会陰切開 kai'in sekkai **episiotomy**	流産 ryūzan **miscarriage**	婦人科医 fujinka-i **gynaecologist**
妊娠している ninshin shiteiru **expecting**	三半期 sanhanki **trimester**	羊水 yōsui **amniotic fluid**	帝王切開 teiō sekkai **caesarean section**	縫合 hōgō **stitches**	産科医 sanka-i **obstetrician**

出産 shussan • **childbirth**

点滴
tenteki
drip

助産婦
josampu
midwife

モニター
monitā
monitor

カテーテル
katēteru
catheter

陣痛促進する jintsū sokushin suru | **induce labour (v)**

保育器 hoikuki | **incubator**

出生時体重 shussei-ji taijū | **birth weight**

鉗子
kanshi
forceps

真空カップ
shinkū kappu
ventouse cup

介助分娩
kaijo bumben
assisted delivery

識別バンド
shikibetsu bando
identity tag

新生児 shinseiji | **newborn baby**

授乳 junyū • **nursing**

搾乳機
sakunyū-ki
breast pump

授乳ブラジャー
junyū burajā
nursing bra

授乳する
junyū suru
breastfeed (v)

パッド
paddo
pads

代替療法 daitai ryōhō • **complementary therapy**

Tシャツ
tīshatsu
T-shirt

マット
matto
mat

ヨガ yoga | **yoga**

マッサージ
massāji
massage

指圧
shiatsu
shiatsu

カイロプラクティック
kairopurakutikku
chiropractic

整骨療法
seikotsu ryōhō
osteopathy

リフレクソロジー
rifurekusorojī
reflexology

瞑想
meisō
meditation

カウンセラー
kaunserā
counsellor

レイキ療法
reiki ryōhō
reiki

鍼療法
hari ryōhō
acupuncture

グループ療法
gurūpu ryōhō
group therapy

アユルヴェーダ
ayuruvēda
ayurveda

催眠療法
saimin ryōhō
hypnotherapy

精油
seiyu
essential oils

本草学
honsō-gaku
herbalism

アロマテラピー
aromaterapī
aromatherapy

ホメオパシー
homeopashī
homeopathy

指圧療法
shiatsu ryōhō
acupressure

療法士
ryōhōshi
therapist

心理療法
shinri ryōhō
psychotherapy

関連用語 kanrenyōgo • **vocabulary**

サプリメント sapurimento **supplement**	自然療法 shizen ryōhō **naturopathy**	リラクセーション rirakuseshon **relaxation**	薬草 yakusō **herb**
水治療法 suichi ryōhō **hydrotherapy**	風水 fūsui **feng shui**	ストレス sutoresu **stress**	水晶療法 suishō ryōhō **crystal healing**

家庭 katei
home

住宅 jūtaku • house

屋根
yane
roof

雨樋
amadoi
gutter

煙突
entotsu
chimney

ドーマー
dōmā
dormer window

壁
kabe
wall

軒
noki
eaves

屋根瓦
yane-gawara
tile

鎧戸
yoroido
shutter

ポーチ
pōchi
porch

窓
mado
window

増築部分
zōchiku bubun
addition

小道
komichi
sidewalk

正面玄関
shōmen genkan
front door

関連用語 kanrenyōgo • **vocabulary**

一戸建て ikkodate **single-family**	借家人 shakuyanin **tenant**	車庫 shako **garage**	郵便受け yūbin'uke **mailbox**	防犯ベル bōhan beru **burglar alarm**	貸す kasu **rent (v)**
セミデタッチ semidetatchi **duplex**	平屋 hiraya **ranch house**	屋根裏部屋 yaneura-beya **attic**	玄関灯 genkan-tō **porch light**	中庭 nakaniwa **courtyard**	家賃 yachin **rent**
タウンハウス taunhausu **townhouse**	地下室 chikashitsu **basement**	部屋 heya **room**	大家 ōya **landlord**	床 yuka **floor**	テラス terasu **terraced**

入口 iriguchi • entrance

手摺
tesuri
handrail

踊り場
odoriba
landing

階段の手摺
kaidan no tesuri
banister

階段
kaidan
staircase

玄関
genkan
foyer

呼び鈴
yobirin
doorbell

玄関マット
genkan matto
doormat

ドアノッカー
doanokkā
door knocker

ドアチェーン
doachēn
door chain

鍵
kagi
key

錠
jō
lock

閂
kannuki
bolt

マンション
manshon
• apartment

ベランダ
beranda
balcony

マンション棟
manshon-tō
apartment building

インターホン
intāhon
intercom

エレベーター
erebētā
elevator

住宅内設備 jūtaku-nai setsubi • **internal systems**

羽
hane
blade

扇風機
sempūki
fan

ラジエーター
rajiētā
radiator

ヒーター
hītā
space heater

ファンヒーター
fanhītā
convector heater

電気設備 denki setsubi • **electricity**

接地ピン
setchi pin
ground

マイナス
mainasu
neutral

ピン
pin
pin

プラス
purasu
live

省エネ電球 shōene denkyū
energy-saving bulb

プラグ puragu | **plug**

電線 densen | **wires**

関連用語 kanrenyōgo • **vocabulary**

電圧 den'atsu **voltage**	ヒューズ hyūzu **fuse**	コンセント konsento **outlet**	直流連流 chokuryū denryū **direct current**	停電 teiden **power outage**
アンペア ampea **amp**	ヒューズボックス hyūzu bokkusu **fuse box**	スイッチ suitchi **switch**	変圧器 hen'atsuki **transformer**	電源 dengen **household current**
電力 denryoku **power**	発電機 hatsudenki **generator**	交流電流 kōryū denryū **alternating current**	電力量計 denryokuryō-kei **electricity meter**	

配管設備 haikan setsubi • plumbing

オーバーフロー管
ōbāfurō kan
overflow pipe

吸水口
kyūsui-kō
inlet

出水口
shussui-kō
outlet

圧力バルブ
atsuryoku
barubu
pressure valve

保温材
ho'onzai
insulation

温水タンク
onsui tanku
tank

水室
suishitsu
water chamber

排水コック
haisuikokku
drain cock

サーモスタット
sānosutatto
thermostat

ガスバーナー
gasubānā
gas burner

ボイラー
boirā
water heater

発熱体
hatsunetsutai
heating element

流し台 nagashidai • sink

蛇口
jaguchi
faucet

レバー
rebā
lever

ガスケット
gasuketto
gasket

給水管
kyūsuikan
supply pipe

遮断弁
shadamben
shutoff valve

排水管
haisuikan
drain

ゴミ処理機
gomishori-ki
waste disposal unit

トイレ toire • toilet

浮玉
ukidama
float ball

貯水タンク
chosui tanku
tank

便座
benza
seat

便器
benki
bowl

排水管
haisuikan
waste pipe

ゴミ処理 gomishori • waste disposal

ボトル
botoru
bottle

ペダル
pedaru
pedal

蓋
futa
lid

リサイクルボックス
risaikuru bokkusu
recycling bin

ゴミ箱
gomibako
garbage can

分別ユニット
bumbetsu yunitto
sorting unit

有機ゴミ
yūki gomi
organic waste

居間 ima • **living room**

壁面照明
hekimen
shōmei
wall light

暖炉
danro
fireplace

天井
tenjō
ceiling

花瓶
kabin
vase

クッション
kusshon
cushion

ランプ
rampu
lamp

コーヒー
テーブル
kōhī tēburu
coffee table

ソファ
sofa
sofa

床
yuka
floor

額縁
gakubuchi
frame

絵
e
painting

カーテン
kāten
curtain

メッシュカーテン
messhu kāten
net curtain

ベネシャンブラインド
beneshan buraindo
venetian blind

ロールスクリーン
rōru sukurīn
shade

モールディング
mōrudingu
molding

アームチェア
āmuchea
armchair

本棚
hondana
bookshelf

ソファベッド
sofa beddo
sofabed

絨毯
jūtan
rug

書斎 shosai | study

ダイニングルーム dainingu rūmu • **dining room**

胡椒
koshō
pepper

塩
shio
salt

テーブル
tēburu
table

食器
shokki
crockery

椅子
isu
chair

背もたれ
semotare
back

座面
zamen
seat

脚
ashi
leg

関連用語 kanrenyōgo • **vocabulary**

給仕する kyūji suru **serve (v)**	朝食 chōshoku **breakfast**	満腹 mampuku **full**	箸 hashi **chopsticks**
食べる taberu **eat (v)**	昼食 chūshoku **lunch**	一人分 hitoribun **one portion**	ご飯茶碗 gohan-jawan **rice bowl**
空腹 kūfuku **hungry**	夕食 yūshoku **dinner**	食事 shokuji **meal**	茶碗 chawan **(Japanese) tea cup**
テーブルクロス tēburukurosu **tablecloth**	ランチョンマット ranchon matto **placemat**	客 kyaku **guest**	座布団 zabuton **(Japanese) floor cushion**

おかわりできますか。
okawari dekimasuka?
**Can I have some more,
please?**

もう結構です。
mō kekkō desu.
I've had enough, thank you.

美味しかったです。
oishikatta desu.
That was delicious.

食器類 shokki rui • **crockery and cutlery**

マグカップ
magu kappu
mug

コーヒーカップ
kōhīkappu
coffee cup

ティーカップ
tīkappu
teacup

ティースプーン
tīsupūn
teaspoon

皿
sara
plate

ボウル
bōru
bowl

カフェプレス
kafe puresu
cafetière

ティーポット
tīpotto
teapot

水差し
mizusashi
pitcher

エッグカップ
eggu kappu
egg cup

ワイングラス
waingurasu
wine glass

タンブラー
tamburā
tumbler

コップ類
koppu rui
glassware

ナプキンリング
napukin ringu
napkin ring

小皿
kozara
side plate

大皿
ōzara
dinner plate

スープ皿
sūpuzara
soup bowl

スープスプーン
sūpusupūn
soup spoon

ナプキン
napukin
napkin

フォーク
fōku
fork

テーブル・セッティング
tēburu settingu
place setting

スプーン
supūn
spoon

ナイフ
naifu
knife

台所 daidokoro • kitchen

棚
tana
shelves

水はね防止板
mizuhane bōshi-ban
backsplash

蛇口
jaguchi
faucet

流し
nagashi
sink

引き出し
hikidashi
drawer

換気扇
kankisen
extractor fan

セラミックコンロ
seramikku konro
ceramic range

調理台
chōridai
countertop

オーブン
ōbun
oven

戸棚
todana
cabinet

電気器具 denki kigu • appliances

電子レンジ
denshirenji
microwave oven

ミキシングボウル
mikishingubōru
mixing bowl

蓋
futa
lid

ブレード
burēdo
blade

電気やかん
denki yakan
electric kettle

トースター
tōsutā
toaster

フードプロセッサー
fūdopurosessā
food processor

ミキサー
mikisā
blender

皿洗い機
sara'arai-ki
dishwasher

製氷室
seihyōshitsu
ice maker

冷蔵庫
reizōko
refrigerator

棚
tana
shelf

冷凍庫
reitōko
freezer

野菜室
yasai-shitsu
crisper

冷凍冷蔵庫 reitōreizōko | **refrigerator**

関連用語 kanrenyōgo
• **vocabulary**

水切り台
mizukiridai
draining board

ガスレンジ
gasurenji
burner

コンロ
konro
stovetop

ゴミ箱
gomihako
garbage can

冷凍する
reitō suru
freeze (v)

解凍する
kaitō suru
defrost (v)

蒸す
musu
steam (v)

炒める
itameru
sauté (v)

調理 chōri • **cooking**

皮を剥く
kawa o muku
peel (v)

切る
kiru
slice (v)

すり下ろす
suriorosu
grate (v)

注ぐ
sosogu
pour (v)

混ぜる
mazeru
mix (v)

泡立てる
awadateru
whisk (v)

茹でる
yuderu
boil (v)

揚げる
ageru
fry (v)

巻く
maku
roll (v)

かき回す
kakimawasu
stir (v)

煮込む
nikomu
simmer (v)

（沸騰前の温度で）茹でる
(futtō mae no ondo de) yuderu
poach (v)

（オーブンで）焼く
(ōbun de) yaku
bake (v)

ローストする
rōsuto suru
roast (v)

焼く
yaku
grill (v)

調理用具 chōri yōgu • kitchenware

ブレッドナイフ
bureddo naifu
bread knife

まな板
manaita
cutting board

包丁
hōchō
kitchen knife

肉切り包丁
nikukiribōchō
cleaver

包丁研ぎ器
hōchō togi-ki
knife sharpener

肉たたき
nikutataki
meat tenderizer

串
kushi
skewer

すり粉木
surikogi
pestle

皮むき器
kawamuki-ki
vegetable peeler

リンゴの芯抜き器
ringo no shin nuki-ki
apple corer

卸し金
oroshigane
grater

すり鉢
suribachi
mortar

ポテトマッシャー
poteto masshā
potato masher

缶切り
kankiri
can opener

栓抜き
sennuki
bottle opener

ガーリックプレス
gārikku puresu
garlic press

給仕用スプーン
kyūji-yō supūn
serving spoon

フライ返し
furaigaeshi
slotted spatula

水切りざる
mizukiri zaru
colander

へら
hera
spatula

木製スプーン
mokusei supūn
wooden spoon

穴あきスプーン
ana'aki supūn
slotted spoon

おたま
otama
ladle

カービングフォーク
kābingu fōku
carving fork

アイスクリーム・スクープ
aisukurīmu sukūpu
ice-cream scoop

泡立て器
awadateki
whisk

ストレーナー
sutorēnā
sieve

日本語 nihongo • engli

蓋
futa
lid

テフロン加工
tefuron kakō
nonstick

フライパン
furaipan
frying pan

片手鍋
katate nabe
saucepan

グリルパン
gurirupan
grill pan

中華鍋
chūka nabe
wok

土鍋
donabe
earthenware dish

ガラス製
garasusei
glass

耐熱性
tainetsusei
ovenproof

ミキシングボウル
mikishingu bōru
mixing bowl

ココット
kokotto
soufflé dish

グラタン皿
guratan-zara
gratin dish

ラミキン
ramikin
ramekin

キャセロール鍋
kyaserōru nabe
casserole dish

ケーキ作り kēki-zukuri • baking cakes

秤
hakari
scale

計量ジャグ
keiryō jagu
measuring cup

ケーキ焼き型
kēki yaki-gata
cake pan

パイ焼き皿
pai yaki-zara
pie pan

タルト型
taruto-gata
quiche pan

刷毛 hake
pastry brush

のし棒 noshibō
rolling pin

絞り袋 shibori bukuro
piping bag

マフィン型
mafin-gata
muffin pan

ベーキングトレイ
bēkingu torei
baking sheet

クーリングラック
kūringu rakku
cooling rack

オーブンミット
ōbunmitto
oven mitt

エプロン
epuron
apron

寝室 shinshitsu • bedroom

洋服ダンス
yōfukudansu
wardrobe

ベッドサイドランプ
beddosaido rampu
bedside lamp

ヘッドボード
heddobōdo
headboard

ベッドサイドテーブル
beddosaido tēburu
nightstand

タンス
tansu
chest of drawers

引き出し
hikidashi
drawer

ベッド
beddo
bed

マットレス
mattoresu
mattress

ベッドカバー
beddokabā
bedspread

枕
makura
pillow

湯たんぽ
yutampo
hot-water bottle

時計付きラジオ
tokei-tsuki rajio
clock radio

目覚まし時計
mezamashi-dokei
alarm clock

ティッシュの箱
tisshu no hako
box of tissues

ハンガー
hangâ
coathanger

ベッド beddo • **bed linen**

枕カバー
makurakabā
pillowcase

鏡
kagami
mirror

シーツ
shītsu
sheet

化粧台
keshōdai
dressing table

ベッドスカート
beddo sukāto
dust ruffle

羽布団
hanebuton
comforter

キルト
kiruto
quilt

毛布
mōfu
blanket

床
yuka
floor

関連用語 kanrenyōgo • **vocabulary**

シングルベッド shinguru beddo **twin bed**	フットボード futtobōdo **footboard**	不眠症 fuminshō **insomnia**	目覚める mezameru **wake up (v)**	目覚ましをかける mezamashi o kakeru **set the alarm (v)**
ダブルベッド daburu beddo **full bed**	スプリング supuringu **spring**	床につく toko ni tsuku **go to bed (v)**	起きる okiru **get up (v)**	鼾をかく ibiki o kaku **snore (v)**
布団 futon **futon**	カーペット kāpetto **carpet**	寝る neru **go to sleep (v)**	ベッドメーキングする beddomēkingu suru **make the bed (v)**	電気毛布 denkimōfu **electric blanket**

浴室 yokushitsu • bathroom

タオル掛け
taorukake
towel bar

シャワードア
shawā doa
shower door

冷水タップ
reisui tappu
cold faucet

温水タップ
onsui tappu
hot faucet

シャワーヘッド
shawāheddo
shower head

流し台
nagashidai
sink

栓
sen
plug

シャワー
shawā
shower

排水口
haisuikō
drain

便座
benza
toilet seat

便器
benki
toilet

トイレブラシ
toire burashi
toilet brush

浴槽
yokusō
bathtub

ビデ bide | bidet

関連用語 kanrenyōgo • vocabulary

浴室用キャビネット
yokushitsu-yō kyabinetto
medicine cabinet

バスマット
basu matto
bath mat

トイレットペーパー
toiretto pēpā
toilet paper

シャワーカーテン
shawā kāten
shower curtain

シャワーを浴びる
shawā o abiru
take a shower (v)

風呂に入る
furo ni hairu
take a bath (v)

歯の手入れ ha no teire • dental hygiene

歯ブラシ
haburashi
toothbrush

歯磨き粉
hamigakiko
toothpaste

デンタルフロス
dentaru furosu
dental floss

マウスウォッシュ
mausu wosshu
mouthwash

スポンジ
suponji
sponge

軽石
karuishi
pumice stone

背中洗いブラシ
senaka arai burashi
back brush

デオドラント
deodoranto
deodorant

石鹸皿
sekken-zara
soap dish

シャワージェル
shawā jeru
shower gel

石鹸
sekken
soap

フェースクリーム
fēsu kurimu
moisturizer

バブルバス
baburu basu
bubble bath

ハンドタオル
hando taoru
hand towel

バスタオル
basu taoru
bath towel

タオル
taoru
towels

ボディローション
bodi rōshon
body lotion

タルカムパウダー
tarukamu paudā
talcum powder

バスローブ
basurōbu
bathrobe

髭剃り higesori • shaving

電気剃刀
denki kamisori
electric razor

カミソリの刃
kamisori no ha
razor blade

髭剃りクリーム
higesori kurīmu
shaving foam

使い捨てカミソリ
tsukaisute kamisori
disposable razor

アフターシェーブ
afutāshēbu
aftershave

子供部屋 kodomobeya • **baby's room**

ベビーケア bebī kea • **baby care**

スポンジ
suponji
sponge

オムツかぶれクリーム
omutsu kabure kurīmu
diaper rash cream

おしり拭き
oshiri fuki
wet wipe

ベビーバス
bebī basu
baby bath

おまる
omaru
potty

おむつ替えシート
omutsu kae shīto
changing mat

睡眠 suimin • **sleeping**

モビール
mobīru
mobile

シーツ
shītsu
sheet

毛布
mōfu
blanket

柵
saku
bars

フリース
furīsu
fleece

寝具
shingu
bedding

ベッドバンパー
beddo bampā
bumper

マットレス
mattoresu
mattress

ベビーベッド bebībeddo | **crib**

ガラガラ
garagara
rattle

新生児用かご型ベッド
shinseiji-yō kago-gata beddo
bassinet

遊び asobi • playing

人形
ningyō
doll

縫いぐるみ
nuigurumi
soft toy

ドールハウス
dōru hausu
dollhouse

子供の家
kodomo no ie
playhouse

テディベア
tedibea
teddy bear

おもちゃ
omocha
toy

ボール
bōru
ball

おもちゃ籠
omocha kago
toy basket

ベビーサークル
bebīsākuru
playpen

安全用品
anzen yōhin • safety

戸棚ロック
todana rokku
child lock

ベビーモニター
bebī monitā
baby monitor

ベビーゲート
bebī gēto
stair gate

食事 shokuji • eating

ハイチェア
haichea
high chair

乳首
chikubi
nipple

ベビー用マグカップ
bebī-yō magu kappu
drinking cup

哺乳瓶
honyūbin
bottle

外出 gaishutsu • going out

ベビーカー
bebīkā
stroller

乳母車
ubaguruma
baby carriage

フード
fūdo
hood

おむつ
omutsu
diaper

キャリーコット
kyarīkotto
carrier

おむつ替えバッグ
omutsu kae baggu
diaper bag

ベビースリング
bebī suringu
baby sling

ユティリティルーム yutiriti rūmu • **utility room**

洗濯 sentaku • **laundry**

汚れ物
yogoremono
dirty laundry

洗濯物
sentakumono
clean clothes

洗濯物入れ
sentakumono ire
laundry basket

洗濯機
sentakki
washing machine

洗濯乾燥機
sentaku kansōki
washer-dryer

乾燥機
kansōki
tumble dryer

洗濯かご
sentakukago
linen basket

物干用ロープ
monohoshi-yō rōpu
clothesline

アイロン
airon
iron

洗濯バサミ
sentaku-basami
clothespin

乾かす
kawakasu
dry (v)

アイロン台 airondai | **ironing board**

関連用語 kanrenyōgo • **vocabulary**

（汚れ物を洗濯機に）入れる
(yogoremono o sentakki ni) ireru
load (v)

濯ぐ
susugu
rinse (v)

脱水する
dassui suru
spin (v)

脱水機
dassuiki
spin-dryer

アイロンをかける
airon o kakeru
iron (v)

柔軟仕上げ剤
jūnan shiagezai
fabric softener

この洗濯機は、どうやって使うのですか。
kono sentakki wa dōyatte tsukaunodesuka?
How do I operate the washing machine?

色物／白系の設定は何ですか。
iromono/shirokei no settei wa nandesuka?
What is the setting for colors/whites?

掃除道具 sōji dōgu • cleaning equipment

吸い込みホース
suikomi hōsu
hose

ブラシ
burashi
brush

ちりとり
chiritori
dustpan

漂白剤
hyōhakuzai
bleach

粉末洗剤
funmatsu senzai
laundry powder

液体洗剤
ekitai senzai
liquid

ダスター
dasutā
duster

バケツ
baketsu
pail

掃除機
sōjiki
vacuum cleaner

モップ
moppu
mop

洗剤
senzai
detergent

艶出し剤
tsuyadashizai
polish

掃除 sōji • activities

擦る
kosuru
clean (v)

洗う
arau
wash (v)

拭く
fuku
wipe (v)

ゴシゴシ洗う
goshigoshi arau
scrub (v)

擦り取る
kosuritoru
scrape (v)

箒
hōki
broom

掃く
haku
sweep (v)

埃を払う
hokori o harau
dust (v)

磨く
migaku
polish (v)

作業場 sagyōba • **workshop**

チャック
chakku
chuck

ドリルビット
doriru bitto
drill bit

電池パック
denchi pakku
battery pack

ジグソー
jigusō
jigsaw

充電式ドリル
jūden-shiki doriru
cordless drill

電気ドリル
denki doriru
electric drill

グルーガン
gurū gan
glue gun

クランプ
kurampu
clamp

鋸刃
nokogiri-ba
blade

万力
manriki
vice

サンダー
sandā
sander

丸鋸
marunōko
circular saw

作業台
sagyōdai
workbench

木工用接着剤
mokkō-yō setchakuzai
wood glue

工具棚
kōgu-dana
tool rack

ルーター
rūtā
router

ハンドドリル
hando doriru
bit brace

鉋屑
kannakuzu
wood shavings

延長コード
enchō kōdo
extension cord

テクニック tekunikku • techniques

切る
kiru
cut (v)

（鋸で）切る
(nokogiri de) kiru
saw (v)

穴をあける
ana o akeru
drill (v)

（金槌で）打つ
(kanazuchi de) utsu
hammer (v)

鉋をかける
kanna o kakeru | plane (v)

旋盤加工する
sembankakō suru | turn (v)

半田
handa
solder

削る kezuru
carve (v)

半田付けする
handazuke suru | solder (v)

材料 zairyō • materials

MDF
emu dī efu
MDF

硬材
kōzai
hardwood

針金
harigane
wire

合板
gōban
plywood

チップボード
chippubōdo
chipboard

ケーブル
kēburu
cable

ニス
nisu
varnish

ステンレス
sutenresu
stainless steel

ハードボード
hādobōdo
hardboard

木材着色剤
mokuzai
chakushokuzai
wood stain

亜鉛メッキ
aen mekki
galvanized

軟材
nanzai
softwood

木材 mokuzai | wood

金属 kinzoku | metal

道具箱 dōgubako • toolbox

スパナ
supana
wrench

自在スパナ
jizai supana
adjustable wrench

金槌
kanazuchi
hammer

ニードルペンチ
nīdoru penchi
needlenose pliers

ソケットレンチ
soketto renchi
socket wrench

水平器
suikeiki
level

ドライバービット
doraibā bitto
screwdriver bits

ワッシャー
wasshā
washer

ドライバー
doraibā
screwdriver

ナット
natto
nut

巻き尺
makijaku
tape measure

カッター
kattā
knife

ペンチ
penchi
bullnose pliers

ソケット
soketto
socket

六角棒レンチ
rokkaku-bō renchi
key

ドリルビット doriru bitto • drill bits

金属用ビット
kinzoku-yō bitto
metal bit

リーマー
rīmā
reamer

フラットウッドビット
furatto uddo bitto
flat wood bit

プラスドライバー
purasu doraibā
Phillips screwdriver

頭
atama
head

セキュリティビット
sekyuriti bitto
security bit

釘
kugi
nail

木工用ドリルビット
mokkō-yō
doriru bitto
carpentry bits

石材用ドリルビット
sekizai-yō doriru bitto
masonry bit

ねじ
neji
screw

ワイヤーストリッパー
waiyā sutorippā
wire strippers

ワイヤーカッター
waiyā kattā
wire cutters

半田ごて
handagote
soldering iron

絶縁テープ
zetsuen tēpu
insulating tape

カッターナイフ
kattā naifu
craft knife

糸鋸
itonoko
fret saw

半田
handa
solder

胴付き鋸 dōtsuki noko | **tenon saw**

保護めがね
hogo megane
safety goggles

鉋
kanna
plane

マイターボックス
maitā bokkusu
miter block

手引き鋸
tebiki noko
hand saw

弓鋸
yuminoko
hacksaw

ハンドドリル
hand odoriru
hand drill

スチールウール
suchīru'ūru
steel wool

紙やすり
kami yasuri
sandpaper

レンチ
renchi
wrench

鑿
nomi
chisel

やすり
yasuri
file

砥石
toishi
whetstone

吸引カップ
kyūin kappu
plunger

パイプカッター paipu kattā | **pipe cutter**

内装工事 naisō kōji • **decorating**

鋏
hasami
scissors

クラフトナイフ
kurafuto naifu
utility knife

下げ振り
sagefuri
plumb line

スクレーパー
sukurēpā
scraper

内装工事職人
naisō kōji
shokunin
decorator

壁紙
kabegami
wallpaper

脚立
kyatatsu
stepladder

壁紙刷毛
kabegami-bake
wallpaper brush

糊付け台
nori-zuke dai
pasting table

糊刷毛
noribake
pasting brush

壁紙用糊
kabegami-yō nori
wallpaper paste

バケツ
baketsu
pail

壁紙を張り替える kabegami o harikaeru
wallpaper (v)

剥がす hagasu | **strip (v)**

埋める umeru | **fill (v)**

研磨する kenma suru | **sand (v)**

漆喰を塗る shikkui o nuru
plaster (v)

壁紙を貼る kabegami o haru
hang (v)

タイルを貼る tairu o haru | **tile (v)**

ローラー
rōrā
roller

ローラー受け皿
rōrā ukezara
paint tray

ペンキ
penki
paint

刷毛
hake
brush

スポンジ
suponji
sponge

マスキングテープ
masukingu tēpu
masking tape

サンドペーパー
sandopēpā
sandpaper

塗料バケツ
toryō baketsu
paint can

つなぎ
tsunagi
overalls

テレピン油
terepin-yu
turpentine

養生シート
yōjō shīto
dust sheet

充填剤
jūtenzai
filler

塗料用シンナー
toryō-yō shinnā
mineral spirits

塗装する tosō suru | **paint (v)**

関連用語 kanrenyōgo • **vocabulary**

漆喰 shikkui **plaster**	艶出し tsuyadashi **gloss**	エンボス壁紙 embosu kabegami **embossed paper**	下塗り shitanuri **undercoat**	シーラー shīrā **sealant**
ニス nisu **varnish**	艶消し tsuyakeshi **matt**	裏打ち紙 urauchi-gami **lining paper**	上塗り uwanuri **topcoat**	溶剤 yōzai **solvent**
エマルション emarushon **latex paint**	ステンシル sutenshiru **stencil**	プライマー puraimā **primer**	防腐剤 bōfuzai **preservative**	グラウト gurauto **grout**

庭 niwa • garden

庭の様式 niwa no yōshiki • garden styles

テラスガーデン terasu gāden | patio garden

屋上庭園
okujō teien
roof garden

石庭
sekitei
rock garden

フォーマルな庭園 fōmaru-na teien | formal garden

中庭 nakaniwa | courtyard

コテージガーデン
kotēji gāden
cottage garden

ハーブ園
hābu-en
herb garden

ウォーターガーデン
wōtā gāden
water garden

庭のアクセント
niwa no akusento • garden features

ハンギングバスケット
hangingu basuketto
hanging basket

トレリス torerisu | trellis

パーゴラ
pāgora
pergola

敷石
shiki'ishi
paving

小道
komichi
path

堆肥積み
taihi-zumi
compost pile

門
mon
gate

花壇
kadan
flowerbed

納屋
naya
shed

温室
onshitsu
greenhouse

柵
saku
fence

芝生
shibafu
lawn

池
ike
pond

垣根
kakine
hedge

アーチ
āchi
arch

家庭菜園
katei saien
vegetable garden

ハーブのボーダー花壇
hābu no bōdā kadan
herbaceous border

デッキ
dekki
decking

噴水 funsui | **fountain**

土壌 dojō
● **soil**

表土
hyōdo
topsoil

砂土
sunatsuchi
sand

石灰質土壌
sekkai-shitsu dojō
chalk

沈泥
chindei
silt

粘土
nendo
clay

庭の植物 niwa no shokubutsu • **garden plants**

植物の種類 shokubutsu no shurui • **types of plants**

一年草
ichinensō
annual

二年草
ninensō
biennial

多年草
tanensō
perennial

球根植物
kyūkon shokubutsu
bulb

シダ
shida
fern

い草
igusa
rush

竹
take
bamboo

雑草
zassō
weeds

ハーブ
hābu
herb

水草
mizukusa
water plant

木
ki
tree

椰子の木
yashi no ki
palm

針葉樹
shin'yōju
conifer

常緑樹
jōryokuju
evergreen

落葉樹
rakuyōju
deciduous

トピアリー
topiarī
topiary

高山植物
kōzan shokubutsu
alpine

多肉植物
taniku shokubutsu
succulent

サボテン
saboten
cactus

植木
ueki
potted plant

陰性植物
insei shokubutsu
shade plant

蔓性植物
tsurusei shokubutsu
climber

顕花性低木
kenkasei teiboku
flowering shrub

グランドカバー
gurando kabā
ground cover

匍匐植物
hofuku shokubutsu
creeper

観葉植物
kan'yō shokubutsu
ornamental

草
kusa
grass

園芸用品 engei yōhin • garden tools

堆肥
taihi
compost

種
tane
seeds

骨粉
kotsufun
bone meal

砂利
jari
gravel

熊手
kumade
lawn rake

ショベル
shoberu
spade

フォーク
fōku
fork

雑草刈り鋏
zassō kari-basami
long-handled shears

レーキ
rēki
rake

鍬
kuwa
hoe

集草バッグ
shūsō baggu
grass bag

モーター
mōtā
motor

取っ手
totte
handle

トラグ
toragu
trug

シールド
shīrudo
shield

スタンド
sutando
stand

トリマー
torimā
trimmer

芝刈り機
shibakariki
lawnmower

一輪台車
ichirin daisha
wheelbarrow

ハンドフォーク
hando fōku
hand fork

スコップ
sukoppu
trowel

刃
ha
blade

刈り込み鋏
karikomi-basami
shears

剪定鋸
sentei noko
hand saw

剪定鋏
sentei-basami
pruners

種蒔きトレイ
tanemaki torei
seed tray

殺虫剤
satchūzai
pesticide

篩
furui
sieve

園芸用手袋
engei-yō tebukuro
gardening gloves

結束紐
kessoku himo
twine

ラベル
raberu
labels

ビニールタイ
biniru tai
twist ties

リングタイ
ringu tai
ring ties

支え棒
sasaebō
canes

植木鉢
uekibachi
plant pot

ゴム長靴
gomunagagutsu
rubber boots

水やり mizuyari • watering

霧吹き kirifuki | **spray bottle**

スプリンクラー
supurinkurā
sprinkler

ノズル
nozuru
nozzle

じょうろ
jōro
watering can

ホース
hōsu
hose

薔薇
bara
rose

ホースリール hōsu rīru | **hose reel**

園芸 engei • **gardening**

芝生
shibafu
lawn

垣根
kakine
hedge

花壇
kadan
flowerbed

芝刈り機
shibakariki
lawnmower

杭
kui
stake

芝刈りする shibakari suru | **mow (v)**

芝で覆う
shiba de ōu
sod (v)

刺す
sasu
spike (v)

掃く
haku
rake (v)

刈り込む
karikomu
trim (v)

掘る
horu
dig (v)

種を植える
tane o ueru
sow (v)

追肥する
tsuihi suru
top-dress (v)

水をやる
mizu o yaru
water (v)

支え棒
sasaebō
cane

整枝する
seishi suru
train (v)

（終わった花を）摘み取る
(owatta hana o) tsumitoru
deadhead (v)

噴霧する
funmu suru
spray (v)

切り枝
kirieda
cutting

接ぎ木する
tsugiki suru
graft (v)

枝分けする
edawake suru
propagate (v)

剪定する
sentei suru
prune (v)

（支えに）繋ぐ
(sasae ni) tsunagu
stake (v)

植え替える
ue-kaeru
transplant (v)

除草する
josō suru
weed (v)

根覆いする
neōi suru
mulch (v)

収穫する
shūkaku suru
harvest (v)

関連用語 kanrenyōgo • vocabulary

栽培する saibai suru **cultivate (v)**	**造園する** zōen suru **landscape (v)**	**肥料をやる** hiryō o yaru **fertilize (v)**	**篩にかける** furui ni kakeru **sift (v)**	**有機** yūki **organic**	**苗** nae **seedling**	**心土** shindo **subsoil**
手入れする teire suru **tend (v)**	**（大きな鉢に）植え替える** (ōkina hachi ni) ue-kaeru **pot (v)**	**摘む** tsumu **pick (v)**	**空気に曝す** kūki ni sarasu **aerate (v)**	**排水** haisui **drainage**	**肥料** hiryō **fertilizer**	**除草剤** josōzai **weedkiller**

職務 shokumu
services

緊急サービス kinkyū sābisu • emergency services

救急車 kyūkyūsha • ambulance

担架
tanka
stretcher

救急車 kyūkyūsha | ambulance

救急医療隊員 kyūkyū iryō tai'in
paramedic

警察 keisatsu • police

バッジ
bajji
badge

制服
seifuku
uniform

サイレン
sairen
siren

警光灯
keikōtō
lights

警棒
keibō
nightstick

拳銃
kenjū
gun

手錠
tejō
handcuffs

パトカー
patokā
police car

警察署
keisatsusho
police station

警官 keikan | police officer

関連用語 kanrenyōgo • vocabulary

警部	容疑者	申し立て	逮捕
keibu	yōgisha	mōshitate	taiho
inspector	**suspect**	**complaint**	**arrest**
犯罪	暴行	調査	留置場
hanzai	bōkō	chōsa	ryūchijō
crime	**assault**	**investigation**	**cell**
刑事	指紋	押し込み強盗	告訴
keiji	shimon	oshikomi gōtō	kokuso
detective	**fingerprint**	**burglary**	**charge**

消防隊 shōbōtai • fire department

ヘルメット
herumetto
helmet

煙
kemuri
smoke

ホース
hōsu
hose

消防士
shōbōshi
firefighters

バスケット
basuketto
basket

水ジェット
mizu jetto
water jet

運転台
untendai
cab

腕
ude
boom

梯子
hashigo
ladder

火事 kaji | fire

消防署
shōbōsho
fire station

非常階段
hijō kaidan
fire escape

消防車
shōbōsha | fire engine

煙報知器
kemuri hōchiki
smoke alarm

火災警報機
kasai keihōki
fire alarm

防災斧
bōsai ono
ax

消化器
shōkaki
fire extinguisher

消火栓
shōkasen
hydrant

警察／消防車／救急車が必要です。 keisatsu/shōbōsha/kyūkyūsha ga hitsuyō desu. **I need the police/fire department/ambulance.**	...で火が出ています。 ... de hi ga dete imasu. **There's a fire at…**	事故がありました。 jiko ga arimashita. **There's been an accident.**	警察を呼んでください。 keisatsu o yonde kudasai! **Call the police!**

銀行 ginkō • bank

客
kyaku
customer

窓口
madoguchi
window

出納係
suitō-gakari
teller

リーフレット
rīfuretto
brochures

カウンター
kauntā
counter

入金書
nyūkin-sho
deposit slips

デビットカード
debitto kādo
debit card

半券
hanken
stub

口座番号
kōza bangō
account number

署名
shomei
signature

金額
kingaku
amount

支店長
shitenchō
bank manager

クレジットカード
kurejitto kādo
credit card

小切手帳
kogitte-chō
checkbook

小切手
kogitte
check

関連用語 kanrenyōgo • vocabulary

貯金 chokin **savings**	住宅ローン jūtaku rōn **mortgage**	支払い shiharai **payment**	入金する nyūkin suru **deposit (v)**	当座預金口座 tōzayokin kōza **checking account**
税 zei **tax**	超過引き出し chōka hikidashi **overdraft**	自動引き落とし jidō hikiotoshi **automatic payment**	銀行手数料 ginkō tesūryō **bank charge**	普通預金口座 futsūyokin kōza **savings account**
ローン rōn **loan**	金利 kinri **interest rate**	出金依頼書 shukkin irai-sho **withdrawal slip**	銀行振込 ginkō furikomi **electronic transfer**	暗証番号 anshō bangō **PIN**

硬貨
kōka
coin

紙幣
shihei
bill

画面
gamen
screen

キーパッド
kīpaddo
keypad

カード挿入口
kādo sōnyū-guchi
card slot

金銭 kinsen | **money**

ATM ē tī emu | **ATM**

外貨 gaika • **foreign currency**

旅行小切手
ryokō koyltte
traveler's check

両替所
ryōgaejo
bureau de change

換算率
kansan ritsu
exchange rate

金融 kin'yū • **finance**

株価
kabuka
share price

ブローカー
burōkā
stockbroker

金融アドバイザー
kin'yū adobaizā
financial advisor

証券取引所 shōken torihiki-jo
stock exchange

関連用語 kanrenyōgo • **vocabulary**

換金する
kankin suru
cash (v)

株
kabu
shares

額面金額
gakumen kingaku
denomination

配当
haitō
dividends

手数料
tesūryō
commission

会計士
kaikeishi
accountant

投資
tōshi
investment

ポートフォリオ
pōtoforio
portfolio

株式
kabushiki
stocks

エクイティ
ekuiti
equity

これを両替できますか。
kore o ryōgae dekimasuka?
Can I change this, please?

今日の換算率は何ですか。
kyō no kansan ritsu wa nandesuka?
What's today's exchange rate?

コミュニケーション komyunikēshon • **communications**

郵便局員
yūbinkyoku-in
postal worker

窓口
madoguchi
window

秤
hakari
scale

カウンター
kauntā
counter

郵便局 yūbinkyoku | **post office**

消印
keshi'in
postmark

切手
kitte
stamp

住所
jūsho
address

郵便番号
yūbim-bangō
ZIP code

封筒 fūtō | **envelope**

郵便配達人
yūbin haitatsunin
mail carrier

関連用語 kanrenyōgo • **vocabulary**

手紙 tegami **letter**	差出人住所 sashidashinin jūsho **return address**	配達 haitatsu **delivery**	壊れ物 kowaremono **fragile**	折曲厳禁 orimage genkin **do not bend (v)**
航空便 kōkūbin **by airmail**	署名 shomei **signature**	郵便為替 yūbin kawase **money order**	郵便袋 yūbim-bukuro **mailbag**	こちらが上 kochira ga ue **this way up**
書留郵便 kakitome yūbin **registered mail**	集荷 shūka **pickup**	郵送料 yūsō-ryō **postage**	電報 dempō **telegram**	ファクス fakusu **fax**

郵便ポスト
yūbin posuto
mailbox

郵便受け
yūbin-uke
letter slot

小包
kozutsumi
package

宅配
takuhai
courier

電話 denwa • telephone

受話器
juwaki
handset

ベース
bēsu
base station

コードレス電話
kōdoresu denwa
cordless phone

留守番電話
rusuban denwa
answering machine

ビデオ電話
bideo denwa
video phone

公衆電話ボックス
kōshū-denwa bokkusu
telephone booth

スマートフォン
sumātofon
smartphone

携帯電話
keitai denwa
mobile phone

キーパッド
kīpaddo
keypad

受話器
juwaki
receiver

おつり
otsuri
coin return

公衆電話
kōshū denwa
payphone

関連用語 kanrenyōgo • vocabulary

番号案内 bangō annai **directory assistance**	**テキストメッセージ** tekisuto messēji **text**	**不通** futsū **disconnected**	**...の電話番号を教えてください。** ... no denwa bangō o oshiete kudasai. **Can you give me the number for...?**
コレクトコール korekuto kōru **collect call**	**音声メッセージ** onsei messēji **voice message**	**アプリ** apuri **app**	**...の局番は何ですか。** ... no kyokuban wa nandesuka? **What is the area code for...?**
電話する denwa suru **dial (v)**	**交換手** kōkanshu **operator**	**パスコード** pasukōdo **passcode**	**テキストメッセージして!** tekisuto messēji shite! **Text me!**
電話に出る denwa ni deru **answer (v)**	**通話中** tsūwa-chū **busy**		

ホテル hoteru • **hotel**

ロビー robī • **lobby**

メッセージ
messēji
messages

宿泊客
shukuhaku
kyaku
guest

部屋の鍵
heya no kagi
room key

分類棚
bunrui-dana
pigeonhole

フロント係
furonto-gakari
receptionist

宿泊者名簿
shukuhaku-
sha meibo
register

カウンター
kauntā
counter

フロント furonto | **reception**

荷物
nimotsu
luggage

カート
kāto
cart

ポーター pōtā | **porter**

エレベーター erebētā
elevator

部屋番号
heya bangō
room number

客室 kyakushitsu • **rooms**

シングルルーム
shinguru rūmu
single room

ダブルルーム
daburu rūmu
double room

ツインルーム
tsuin rūmu
twin room

客室付きバスルーム
kyakushitsu-zuki basurūmu
private bathroom

職務 shokumu • services

朝食トレイ
chōshoku torei
breakfast tray

掃除サービス
sōji sābisu
maid service

洗濯サービス
sentaku sābisu
laundry service

ルームサービス rūmu sābisu | **room service**

ミニバー
minibā
mini bar

レストラン
restoran
restaurant

ジム
jimu
gym

プール
pūru
swimming pool

関連用語 kanrenyōgo • vocabulary

朝食付き
chōshoku-tsuki
bed and breakfast

3食付き
sanshoku-tsuki
full board

2食付き
nishoku-tsuki
half-board

空室はありますか。
kūshitsu wa arimasuka?
Do you have any vacancies?

予約してあります。
yoyaku shite arimasu.
I have a reservation.

シングルルームをお願いします。
shinguru rūmu o onegai shimasu.
I'd like a single room.

3泊お願いします。
sampaku onegai shimasu.
I'd like a room for three nights.

一泊いくらですか。
ippaku ikura desuka?
What is the charge per night?

チェックアウトは何時ですか。
chekkuauto wa nanji desuka?
When do I have to check out?

買い物 kaimono
shopping

ショッピングセンター shoppingu sentā
• shopping center

アトリウム
atoriumu
atrium

看板
kamban
sign

エレベーター
erebētā
elevator

3階
sangai
third floor

2階
nikai
second floor

エスカレーター
esukarētā
escalator

1階
ikkai
ground floor

客
kyaku
customer

関連用語 kanrenyōgo • vocabulary

子供用品売場
kodomo yōhin uriba
children's department

鞄売場
kaban uriba
luggage department

靴売場
kutsu uriba
shoe department

売場案内
uriba annai
store directory

店員
ten'in
sales clerk

カスタマーサービス
kasutamā sābisu
customer services

試着室
shichaku shitsu
changing rooms

ベビールーム
bebī rūmu
baby changing facilities

お手洗い
o-tearai
restrooms

これは、いくらですか。
kore wa ikura desuka?
How much is this?

これを交換できますか。
kore o kōkan dekimasuka?
May I exchange this?

デパート depāto • department store

紳士服
shinshi fuku
menswear

婦人服
fujin fuku
women's clothing

ランジェリー
ranjerī
lingerie

香水売場
kōsui uriba
perfume

化粧品
keshōhin
beauty

寝具・タオル類
shingu taoru rui
linen

家具
kagu
home furnishings

小間物
komamono
notions

台所用品
daidokoro yōhin
kitchenware

陶磁器
tōjiki
china

電気製品
denki seihin
electrical goods

照明器具
shōmei kigu
lighting

スポーツ用品
supōtsu yōhin
sports

玩具
omocha
toys

文房具
bumbōgu
stationery

食品売場
shokuhin uriba
food

スーパーマーケット sūpāmāketto • **supermarket**

通路
tsūro
aisle

棚
tana
shelf

ベルトコンベア
beruto kombea
conveyer belt

レジ係
reji-gakari
checker

特売品
tokubaihin
specials

チェックアウト chekkuauto | **checkout**

客
kyaku
customer

レジ
reji
cash register

買い物袋
kaimono-bukuro
shopping bag

食料品
shokuryōhin
groceries

取っ手
totte
handle

780863 185779

バーコード
bākōdo
bar code

カート kāto | **cart**

籠 kago | **basket**

バーコード読み取り装置 bākōdo
yomitori sōchi | **scanner**

パン類
pan rui
bakery

乳製品
nyūseihin
dairy

シリアル食品
shiriaru shokuhin
breakfast cereals

缶詰
kanzume
canned food

菓子類
kashi rui
candy

野菜
yasai
vegetables

果物
kudamono
fruit

肉
niku
meat and poultry

魚
sakana
fish

デリカテッセン
derikatessen
deli

冷凍食品
reitō shokuhin
frozen food

インスタント食品
insutanto shokuhin
convenience food

飲物
nomimono
drinks

家庭用品
katei yōhin
household products

化粧品
keshōhin
toiletries

ベビー用品
bebī yōhin
baby products

電気製品
denki seihin
electrical goods

ペットフード
petto fūdo
pet food

雑誌 zasshi | **magazines**

薬局 yakkyoku • drugstore

歯磨き用品
hamigaki yōhin
dental care

生理用品
seiri yōhin
feminine hygiene

デオドラント
deodoranto
deodorants

ビタミン剤
bitamin-zai
vitamins

調剤室
chōzai shitsu
pharmacy

薬剤師
yakuzaishi
pharmacist

咳止め
sekidome
cough medicine

薬草剤
yakusō-zai
herbal remedies

スキンケア
sukinkea
skin care

アフターサンケア
afutāsankea
aftersun

サンスクリーン
sansukurīn
sunscreen

日焼け止め
hiyakedome
sunblock

虫除け
mushiyoke
insect repellent

ウェットティッシュ
wetto tisshu
wet wipe

ティッシュ
tisshu
tissue

生理用ナプキン
seiri-yō napukin
sanitary napkin

タンポン
tampon
tampon

パンティライナー
panti rainā
panty liner

計量スプーン
keiryō supūn
measuring spoon

用法
yōhō
instructions

カプセル
kapuseru
capsule

錠剤
jōzai
pill

シロップ
shiroppu
syrup

吸入器
kyūnyūki
inhaler

クリーム
kurīmu
cream

軟膏
nankō
ointment

ジェル
jeru
gel

坐薬
zayaku
suppository

スポイト
supoito
dropper

注射針
chūsha-bari
needle

液体薬
ekitai-gusuri
drops

注射器
chūshaki
syringe

スプレー
supurē
spray

粉薬
kona-gusuri
powder

関連用語 kanrenyōgo • vocabulary

鉄分 tetsubun **iron**	インスリン insurin **insulin**	使い捨て tsukaisute **disposable**	医薬品 iyakuhin **medicine**	痛み止め itamidome **painkiller**
カルシウム karushiumu **calcium**	副作用 fukusayō **side effects**	水溶性 suiyōsei **soluble**	下剤 gezai **laxative**	鎮静剤 chinsei-zai **sedative**
マグネシウム maguneshiumu **magnesium**	使用期限 shiyō kigen **expiration date**	用量 yōryō **dosage**	下痢 geri **diarrhea**	睡眠薬 suimin'yaku **sleeping pill**
マルチビタミン maruchi bitamin **multivitamins**	酔い止め yoidome **travel sickness pills**	投薬 tōyaku **medication**	のど飴 nodo ame **cough drop**	抗炎症剤 kōenshō-zai **anti-inflammatory**

花屋 hanaya • florist

花
hana
flowers

百合
yuri
lily

アカシア
akashia
acacia

カーネーション
kānēshon
carnation

植木
ueki
potted plant

グラジオラス
gurajiorasu
gladiolus

菖蒲
ayame
iris

ひな菊
hinagiku
daisy

菊
kiku
chrysanthemum

かすみ草
kasumisō
gypsophila

アラセイトウ
araseitō
stocks

ガーベラ
gābera
gerbera

群葉
gun'yō
foliage

薔薇
bara
rose

フリージア
furījia
freesia

花瓶
kabin
vase

蘭
ran
orchid

牡丹
botan
peony

花束
hanataba
bunch

茎
kuki
stem

水仙
suisen
daffodil

蕾
tsubomi
bud

包装紙
hōsō-shi
wrapping

チューリップ chūrippu | tulip

アレンジメント arenjimento • arrangements

リボン
ribon
ribbon

ブーケ
būke
bouquet

ドライフラワー
dorai furawā
dried flowers

ポプリ popuri | potpourri

花輪 hanawa | wreath

ガーランド
gārando
garland

メッセージを付けてください。
messēji o tsukete kudasai?
Can I attach a message?

香りがしますか。
kaori ga shimasuka?
Are they fragrant?

包んでください。
tsutsunde kudasai?
Can I have them wrapped?

何日ぐらい保ちますか。
nannichi gurai
tamochimasuka?
How long will these last?

...に送っていただけますか。
... ni okutte itadakemasuka?
Can you send them to...?

...の花束をください。
... no hanataba o kudasai.
**Can I have a bunch of...,
please?**

新聞販売店 shimbun hambaiten • **newsstand**

煙草
tabako
cigarettes

煙草一箱
tabako hitohako
packet of cigarettes

切手
kitte
stamps

絵葉書
ehagaki
postcard

漫画本
manga-bon
comic book

雑誌
zasshi
magazine

新聞
shimbun
newspaper

喫煙 kitsuen • **smoking**

ステム
sutemu
stem

ボウル
bo-uru
bowl

刻み煙草
kizami tabako
tobacco

ライター
raitā
lighter

パイプ
paipu
pipe

葉巻
hamaki
cigar

菓子屋 kashiya • **confectionery**

箱詰めチョコレート
hakozume chokorēto
box of chocolates

チョコバー
chokobā
snack bar

ポテトチップス
poteto chippusu
crisps

飴屋 ameya | **candy store**

関連用語 kanrenyōgo
• **vocabulary**

ミルクチョコレート miruku chokorēto **milk chocolate**	キャラメル kyarameru **caramel**
スイートチョコレート suīto chokorēto **semisweet chocolate**	トラッフル toraffuru **truffle**
ホワイトチョコレート howaito chokorēto **white chocolate**	クッキー kukkī **cookie**
ピックンミックス pikkunmikkusu **pick and mix**	飴 ame **hard candy**

菓子 kashi • **confectionery**

チョコレート
chokorēto
chocolate

板チョコ
itachoko
chocolate bar

飴
ame
candies

棒付きキャンディー
bō-tsuki kyandī
lollipop

トフィー tofī | **toffee**

ヌガー
nugā | **nougat**

マシュマロ
mashumaro
marshmallow

ハッカ飴
hakka ame
mint

ガム
gamu
chewing gum

ゼリービーンズ
zerībīnzu
jellybean

フルーツガム
furutsu gamu
gumdrop

甘草飴
kanzō ame
licorice

その他の店 sonota no mise • **other stores**

パン屋
pan'ya
bread shop

ケーキ屋
kēkiya
bakery

肉屋
nikuya
butcher shop

魚屋
sakanaya
fish-seller

八百屋
yaoya
produce stand

食料品店
shokuryōhin-ten
grocery store

靴屋
kutsuya
shoe store

金物屋
kanamonoya
hardware store

骨董屋
kottōya
antique store

ギフトショップ
gifuto shoppu
gift shop

旅行代理店
ryokō dairiten
travel agent

宝石店
hōseki-ten
jewelry store

本屋
hon'ya
bookstore

レコード店
rekōdo-ten
record store

酒屋
sakaya
liquor store

ペットショップ
petto shoppu
pet store

家具屋
kaguya
furniture store

ブティック
butikku
boutique

関連用語 kanrenyōgo • **vocabulary**

不動産屋
fudōsan-ya
realtor

カメラ屋
kamera-ya
camera store

園芸センター
engei sentā
garden center

健康食品店
kenkō shokuhin-ten
health food store

クリーニング屋
kurīningu-ya
dry-cleaner

画材屋
gazai-ya
art store

コインランドリー
koin randorī
laundromat

中古販売店
chūko hambai-ten
second-hand store

仕立屋
shitateya
tailor shop

美容院
biyōin
beauty salon

市場 ichiba | **market**

食べ物 tabemono
food

肉 niku • meat

ラム肉
ramu niku
lamb

肉屋
nikuya
butcher

肉フック
niku fukku
meat hook

秤
hakari
scale

研ぎ棒
togi-bō
knife sharpener

ベーコン
bēkon
bacon

ソーセージ
sōsēji
sausages

レバー
rebā
liver

関連用語 kanrenyōgo • vocabulary

豚肉 butaniku **pork**	鹿肉 shika niku **venison**	内蔵 naizō **offal**	放し飼いの hanashigai no **free range**	赤身肉 akami niku **red meat**
牛肉 gyūniku **beef**	ウサギ肉 usagi niku **rabbit**	保存処理 hozon shori **cured**	有機性 yūki-sei **organic**	低脂肪肉 teishibō niku **lean meat**
子牛肉 ko-ushi niku **veal**	タン tan **tongue**	薫製 kunsei **smoked**	白身肉 shiromi niku **white meat**	調理済み肉 chōri-zumi niku **cooked meat**

切り身 kirimi • cuts

ハム
hamu
ham
皮
kawa
rind

薄切り
usugiri
slice

（ベーコンの）薄切り
(bēkon no) usugiri
bacon strip

挽肉
hikiniku
ground meat

ヒレ肉
hire niku
fillet

ランプステーキ
rampusutēki | **rump steak**

サーロインステーキ
sāroinsutēki
sirloin steak

あばら肉
abaraniku
rib

脂身
aburami
fat
骨
hone
bone

チョップ
choppu
chop

かたまり肉
katamari niku
joint

腎臓
jinzō
kidney

心臓
shinzō
heart

鳥肉 toriniku • poultry

皮
kawa
skin
胸肉
muneniku
breast

もも肉
momoniku
thigh

猟鳥
ryōchō
game

雉 kiji | pheasant

足
ashi
leg

鶉 uzura | quail

下拵えした鶏
shitagoshirae
shita tori
dressed chicken

手羽肉
tebaniku
wing

七面鳥
shichimenchō
turkey

鶏 tori | chicken

鴨 kamo | duck

鷲鳥 gachō | goose

魚 sakana • fish

剥き海老
mukiebi
peeled shrimp

氷
kōri
ice

ヒメジ
himeji
red mullet

オヒョウの切り身
ohyō no kirimi
halibut fillets

虹鱒
nijimasu
rainbow trout

ガンギエイのヒレ
gangiei no hire
skate wings

魚屋
sakanaya
fish counter

アンコウ
ankō
monkfish

鯖
saba
mackerel

鱒
masu
trout

メカジキ
mekajiki
swordfish

ドーバーカレイ
dōbā karei
Dover sole

レモンガレイ
remon garei
lemon sole

コダラ
kodara
haddock

鰯
iwashi
sardine

ガンギエイ
gangiei
skate

ホワイティング
howaitingu
whiting

スズキ
suzuki
sea bass

鮭 sake | salmon

鱈
tara
cod

鯛
tai
sea bream

鮪
maguro
tuna

海産物 kaisambutsu • seafood

帆立貝
hotategai
scallop

蟹
kani
crab

伊勢エビ
ise ebi
crayfish

ロブスター
robusutā
lobster

車エビ
kurumaebi
jumbo shrimp

ムール貝
mūrugai
mussel

牡蠣
kaki
oyster

マテ貝
mategai
razorshell clam

ザル貝
zarugai
cockle

蛸
tako
octopus

モンゴウイカ
mongōika
cuttlefish

烏賊
ika
squid

浅蜊
asari
clam

関連用語 kanrenyōgo • vocabulary

冷凍 reitō **frozen**	腸を取った wata o totta **cleaned**	薫製 kunsei **smoked**	鱗を取った uroko o totta **descaled**	切り身 kirimi **fillet**	厚切り atsu-giri **loin**	尾 o **tail**	骨 hone **bone**	鱗 uroko **scale**
新鮮 shinsen **fresh**	塩ふり shio-furi **salted**	皮を剥いた kawa o muita **skinned**	骨を取った hone o totta **boned**	おろした oroshita **filleted**	筒切り tsutsugiri **steak**			

腸を取ってください。
wata o totte kudasai?
Will you clean it for me?

野菜1 yasai • vegetables 1

実
mi
seed

空豆
soramame
fava bean

さや豆
sayamame
green bean

インゲン豆
ingenmame
French bean

エンドウ豆
endōmame
garden pea

莢
saya
pod

もやし
moyashi
bean sprout

筍
takenoko
bamboo

オクラ
okura
okra

トウモロコシ
tōmorokoshi
corn

チコリ
chikori
chicory

茴香
uikyō
fennel

パルメット椰子の芯
parumetto yashi no shin
palm hearts

セロリ
serori
celery

関連用語 kanrenyōgo • vocabulary

葉 ha **leaf**	房 fusa **floret**	先端 sentan **tip**	有機 (栽培) yūki (saibai) **organic**	有機野菜はありますか。 yūki yasai wa arimasuka? **Do you sell organic vegetables?**
茎 kuki **stalk**	種 tane **kernel**	芯 shin **heart**	白菜 hakusai **Chinese leaves**	これは地元産ですか。 kore wa jimoto-san desuka? **Are these grown locally?**

ロケットサラダ
rokettosarada
arugula

クレソン
kureson
watercress

赤チコリ
aka chikori
radicchio

芽キャベツ
mekyabetsu
Brussels sprout

フダンソウ
fudansō
Swiss chard

ケール
kēru
kale

ギシギシ
gishigishi
sorrel

エンダイブ
endaibu
endive

タンポポ
tampopo
dandelion

ホウレン草
hōrensō
spinach

コールラビ
kōrurabi
kohlrabi

チンゲン菜
chingensai
pak-choi

レタス
retasu
lettuce

ブロッコリ
burokkori
broccoli

キャベツ
kyabetsu
cabbage

新キャベツ
shin kyabetsu
spring greens

野菜2 yasai • vegetables 2

カブ
kabu
turnip

ラディッシュ
radisshu
radish

アーティチョーク
ātichōku
artichoke

アスパラガス
asuparagasu
asparagus

カリフラワー
karifurawā
cauliflower

ジャガイモ
jagaimo
potato

ナタウリ
natauri
**marrow
squash**

洋葱
tamanegi
onion

ピーマン
pīman
pepper

赤唐辛子
aka tōgarashi
chili pepper

スイートコーン
suītokōn
corn

関連用語 kanrenyōgo • vocabulary

プチトマト puchi tomato **cherry tomato**	タロ芋 taroimo **taro root**	冷凍 reitō **frozen**	苦い nigai **bitter**	ジャガイモを1キロください。 jagaimo o ichi kiro kudasai. **One kilo of potatoes, please?**
人参 ninjin **carrot**	菱の実 hishi no mi **water chestnut**	生 nama **raw**	硬い katai **firm**	1キロいくらですか。 ichi kiro ikura desuka? **What's the price per kilo?**
新ジャガ shinjaga **new potato**	椎茸 shītake **shitake mushrooms**	辛い karai **hot (spicy)**	果肉 kaniku **flesh**	あれは何と言いますか。 are wa nan to īmasuka? **What are those called?**
セロリアック seroriakku **celeriac**	わさび wasabi **Japanese horseradish**	甘い amai **sweet**	根 ne **root**	

薩摩芋
satsumaimo
sweet potato

山芋
yamaimo
yam

ビートルート
bītorūto
beet

ルタバガ
rutabaga
rutabaga

菊芋
kikuimo
**Jerusalem
artichoke**

西洋ワサビ
seiyōwasabi
horseradish

パースニップ
pāsunippu
parsnip

生姜
shōga
ginger

茄子
nasu
eggplant

トマト
tomato
tomato

スプリングオニオン
supuringu onion
green onion

ニラネギ
niranegi
leek

エシャロット
esharotto
shallot

大蒜
ninniku
garlic

丁字
chōji
clove

トリュフ
toryufu
truffle

マッシュルーム
masshurūmu
mushroom

胡瓜
kyūri
cucumber

ズッキーニ
zukkīni
zucchini

バターナットスクワッシュ
batānatto sukuwasshu
butternut squash

ドングリカボチャ
donguri kabocha
acorn squash

南瓜
kabocha
pumpkin

果物1 kudamono • fruit 1

柑橘類 kankitsu rui • citrus fruit

石果 sekika • stone fruit

オレンジ
orenji
orange

クレメンティン
kurementin
clementine

アグリフルーツ
agurifurūtsu
ugli fruit

筋
suji
pith

グレープフルーツ
gurēpufurūtsu
grapefruit

タンジェリン
tanjerin
tangerine

房
fusa
segment

薩摩みかん
satsuma mikan
satsuma

皮
kawa
zest

ライム
raimu
lime

レモン
remon
lemon

金柑
kinkan
kumquat

桃
momo
peach

ネクタリン
nekutarin
nectarine

杏
anzu
apricot

プラム
puramu
plum

さくらんぼ
sakurambo
cherry

洋梨
yōnashi
pear

林檎
ringo
apple

果物籠 kudamono kago | **basket of fruit**

液果とメロン ekika to meron • berries and melons

苺
ichigo
strawberry

ラズベリー
razuberī
raspberry

メロン
meron
melon

葡萄
budō
grapes

ブラックベリー
burakkuberī
blackberry

レッドカラント
reddokaranto
red currant

皮
kawa
rind

種
tane
seed

果肉
kaniku
flesh

クランベリー
kuranberī
cranberry

ブラックカラント
burakkukaranto
black currant

ブルーベリー
burūberī
blueberry

ホワイトカラント
howaitokaranto
white currant

西瓜
suika
watermelon

ローガンベリー
rōganberī
loganberry

グーズベリー
gūzuberī
gooseberry

関連用語 kanrenyōgo • vocabulary

ダイオウ daiō **rhubarb**	酸っぱい suppai **sour**	パリッとした parittoshita **crisp**	果汁 kajū **juice**	熟していますか。 jukushite imasuka? **Are they ripe?**
繊維 sen'i **fiber**	新鮮 shinsen **fresh**	腐った kusatta **rotten**	芯 shin **core**	試食できますか。 shishoku dekimasuka? **Can I try one?**
甘い amai **sweet**	みずみずしい mizumizushī **juicy**	(柔らかい)果肉 (yawarakai) kaniku **pulp**	種なし tanenashi **seedless**	何日ぐらい保ちますか。 nannichi gurai tamochimasuka? **How long will they keep?**

果物2 kudamono 2 • fruit 2

マンゴー
mangō
mango

パイナップル
painappuru
pineapple

アボカド
abokado
avocado

パパイア
papaia
papaya

桃
momo
peach

荔枝
reishi
lychee

キウィ
kiwi
kiwifruit

シマホオズキ
shima hōzuki
cape gooseberry

種
tane
pip

皮
kawa
skin

マルメロ
marumero
quince

パッションフルーツ
passhonfurūtsu
passion fruit

バナナ
banana
banana

グアバ
guaba
guava

石榴
zakuro
pomegranate

柿
kaki
persimmon

フェイジョア
feijoa
feijoa

ウチワサボテン
uchiwasaboten
prickly pear

スターフルーツ
sutāfurūtsu
starfruit

コダチトマト
kodachitomato
tamarillo

ナッツとドライフルーツ nattsu to doraifurūtsu
• nuts and dried fruit

松の実
matsu no mi
pine nut

ピスタチオ
pisutachio
pistachio

カシューナッツ
kashūnattsu
cashew

ピーナッツ
pīnattsu
peanut

ヘーゼルナッツ
hēzerunattsu
hazelnut

ブラジルナッツ
burajirunattsu
Brazil nut

ピーカンナッツ
pīkannattsu
pecan

アーモンド
āmondo
almond

胡桃
kurumi
walnut

栗
kuri
chestnut

マカデミアナッツ
makademianattsu
macadamia

無花果
ichijiku
fig

棗
natsume
date

李
sumomo
prune

殻
kara
shell

果肉
kaniku
flesh

サルタナレーズン
sarutana rēzun
sultana raisin

干し葡萄
hoshibudō
raisin

カラント
karanto
currant

ココナッツ
kokonattsu
coconut

関連用語 kanrenyōgo • vocabulary

青い aoi **green**	硬い katai **hard**	仁 nin **kernel**	塩 shio **salted**	煎った itta **roasted**	殻を剥いた kara o muita **shelled**	砂糖漬け果物 satōzuke kudamono **candied fruit**
完熟 kanjuku **ripe**	柔らかい yawarakai **soft**	乾燥 kansō **desiccated**	生 nama **raw**	季節もの kisetsu mono **seasonal**	丸ごと marugoto **whole**	熱帯果実 nettai kajitsu **tropical fruit**

穀類と豆類 kokurui to mamerui • grains and legumes

穀類 kokurui • grains

小麦
komugi
wheat

からす麦
karasumugi
oats

大麦
ōmugi
barley

キビ
kibi
millet

トウモロコシ
tōmorokoshi
corn

キノア
kinoa
quinoa

関連用語 kanrenyōgo • vocabulary

種 tane **seed**	新しい atarashī **fresh**	（水に）漬ける (mizu ni) tsukeru **soak (v)**
殻 kara **husk**	香りのある kaori no aru **fragranced**	スピードクック supīdo kukku **easy-cook**
穀粒 kokuryū **kernel**	シリアル食品 shiriaru shokuhin **cereal**	長粒 chōryū **long-grain**
乾燥 kansō **dry**	全粒 zenryū **whole-grain**	短粒 tanryū **short-grain**

米 kome • rice

白米
hakumai
white rice

玄米
genmai
brown rice

野生米
yasei mai
wild rice

プディングライス
pudingu raisu
pudding rice

加工穀物 kakō kokumotsu • processed grains

クスクス
kusukusu
couscous

粗挽き麦
arabiki mugi
cracked wheat

セモリナ
semorina
semolina

麩
fusuma
bran

豆類 mamerui • beans and peas

ライ豆
raimame
butter beans

いんげん豆
ingenmame
haricot beans

金時豆
kintoki mame
red kidney beans

小豆
azuki
aduki beans

空豆
soramame
fava beans

大豆
daizu
soybeans

黒目豆
kurome mame
black-eyed beans

鶉豆
uzura mame
pinto beans

緑豆
ryokutō
mung beans

フラジョレ豆
furajore mame
flageolet beans

レンズ豆
renzumame
brown lentils

赤レンティル
aka rentiru
red lentils

グリンピース
gurin pīsu
green peas

雛豆
hiyoko mame
garbanzos

スプリットピー
supuritto pī
split peas

種 tane • seeds

南瓜の種
kabocha no tane
pumpkin seed

辛子の種
karashi no tane
mustard seed

キャラウェイシード
kyarawei shīdo
caraway

胡麻
goma
sesame seed

向日葵の種
himawari no tane
sunflower seed

ハーブと香辛料 hābu to kōshinryō • **herbs and spices**

香辛料 kōshinryō • **spices**

バニラ banira | **vanilla**

ナツメッグ
natsumeggu
nutmeg

メース
mēsu
mace

ウコン
ukon
turmeric

クミン
kumin
cumin

ブーケガルニ
būkegaruni
bouquet garni

オールスパイス
ōrusupaisu
allspice

胡椒の実
koshō no mi
peppercorn

フェヌグリーク
fenugurīku
fenugreek

唐辛子
tōgarashi
chili powder

丸ごと
marugoto
whole

つぶした
tsubushita
crushed

サフラン
safuran
saffron

カルダモン
karudamon
cardamom

カレー粉
karēko
curry powder

パウダー
paudā
ground

パプリカ
papurika
paprika

フレーク
furēku
flakes

大蒜
ninniku
garlic

ハーブ hābu • herbs

スティック
sutikku
sticks

シナモン
shinamon
cinnamon

レモングラス
remongurasu
lemon grass

クローブ
kurōbu
cloves

大茴香
daiuikyō
star anise

生姜
shōga
ginger

茴香
uikyō
fennel

茴香の種
uikyō no tane
fennel seeds

朝葱
asatsuki
chives

タラゴン
taragon
tarragon

オレガノ
oregano
oregano

ハッカ
hakka
mint

マジョラム
majoramu
marjoram

コリアンダー
koriandā
cilantro

ローリエ
rōrie
bay leaf

タイム
taimu
thyme

バジリコ
bajiriko
basil

ディル
diru
dill

パセリ
paseri
parsley

セージ
sēji
sage

ローズマリー
rōzumarī
rosemary

瓶詰め食品 binzume shokuhin
• bottled foods

コルク栓
koruku sen
cork

向日葵油
himawari abura
sunflower oil

胡桃油
kurumia bura
walnut oil

葡萄油
budō abura
grapeseed oil

アーモンドオイル
āmondo oiru
almond oil

胡麻油
goma'abura
sesame oil

ヘーゼルナッツオイル
hēzerunattsu oiru
hazelnut oil

オリーブ油
orībuyu
olive oil

ハーブ
hābu
herbs

香味油
kōmi abura
flavored oil

食用油
shokuyō abura
oils

甘味スプレッド kanmi supureddo
• sweet spreads

瓶
bin
jar

ハニカム
hanikamu
honeycomb

クリーム蜂蜜
kurīmu
hachimitsu
candied honey

レモンカード
remon kādo
lemon curd

ラズベリージャム
razuberī jamu
raspberry jam

マーマレード
māmarēdo
marmalade

透明蜂蜜
tōmei hachimitsu
clear honey

メープルシロップ
mēpuru shiroppu
maple syrup

薬味とスプレッド yakumi to supureddo
• condiments and spreads

林檎酢
ringo su
cider vinegar

バルサミコ酢
barusamiko su
balsamic vinegar

瓶
bin
bottle

イングリッシュマスタード
ingurisshu masutādo
English mustard

マヨネーズ
mayonēzu
mayonnaise

ケチャップ
kechappu
ketchup

ディジョンマスタード
dijon masutādo
French mustard

チャツネ
chatsune
chutney

モルト酢
moruto su
malt vinegar

ワイン酢
wain su
wine vinegar

酢
su
vinegar

ソース
sōsu
sauce

粒マスタード
tsubu masutādo
whole-grain mustard

密封瓶
mippū bin
sealed jar

ピーナッツバター
pīnattsubatā
peanut butter

チョコレートスプレッド
chokorēto supureddo
chocolate spread

瓶詰めフルーツ
binzume furūtsu
preserved fruit

関連用語 kanrenyōgo
• vocabulary

コーン油
kōn yu
corn oil

コールドプレス油
kōrudopuresu yu
cold-pressed oil

落花生油
rakkasei yu
peanut oil

醤油
shōyu
soy sauce

サラダ油
sarada yu
vegetable oil

米酢
komezu
rice vinegar

菜種油
natane abura
canola oil

乳製品 nyūseihin • dairy produce

チーズ chīzu • cheese

皮
kawa
rind

セミハードチーズ
semihādo chīzu
semi-hard cheese

粉チーズ
kona chīzu
grated cheese

ハードチーズ
hādo chīzu
hard cheese

セミソフトチーズ
semisofuto chīzu
semi-soft cheese

カッテージチーズ
kattēji chīzu
cottage cheese

クリームチーズ
kurīmu chīzu
cream cheese

ブルーチーズ
burū chīzu
blue cheese

ソフトチーズ
sofuto chīzu
soft cheese

生チーズ nama chīzu | **fresh cheese**

ミルク miruku • milk

全乳
zennyū
whole milk

低脂肪乳
teishibō-nyū
reduced-fat milk

スキムミルク
sukimu miruku
skim milk

牛乳カートン
gyūnyū kāton
milk carton

牛乳 gyūnyū | **cow's milk**

山羊乳
yagi-nyū
goat's milk

練乳
rennyū
condensed milk

バター
batā
butter

マーガリン
māgarin
margarine

生クリーム
nama kurīmu
cream

シングルクリーム
shinguru kurīmu
light cream

ダブルクリーム
daburu kurīmu
heavy cream

ホイップクリーム
hoippu kurīmu
whipped cream

サワークリーム
sawā kurīmu
sour cream

ヨーグルト
yōguruto
yoghurt

アイスクリーム
aisukurīmu
ice cream

卵 tamago • eggs

卵黄
ran'ō
yolk

卵白
rampaku
white

殻
kara
shell

エッグカップ
eggu kappu
egg cup

ゆで卵 yudetamago | **boiled egg**

鵞鳥の卵
gachō no tamago
goose egg

鶏卵
keiran
hen's egg

家鴨の卵
ahiru no tamago
duck egg

鶉卵
uzura tamago
quail egg

関連用語 kanrenyōgo • vocabulary

低温殺菌 teionsakkin **pasteurized**	ミルクセーキ mirukusēki **milkshake**	塩入り shio-iri **salted**	羊乳 yōnyū **sheep's milk**	乳糖 nyūtō **lactose**	ホモジナイズ homojinaizu **homogenised**
低温殺菌していない teionsakkin shiteinai **unpasteurized**	フローズンヨーグルト furōzun yōguruto **frozen yogurt**	無塩 muen **unsalted**	バターミルク batāmiruku **buttermilk**	無脂肪 mu-shibō **fat-free**	粉乳 funnyū **powdered milk**

パンと小麦粉 pan to komugiko • **breads and flours**

スライス食パン
suraisu shokupan
sliced bread

ケシの実
keshi no mi
poppy seeds

ライ麦パン
raimugi pan
rye bread

バゲット
bagetto
baguette

パン屋 pan'ya I **bakery**

パン作り pan-zukuri • **making bread**

白小麦粉
shiro komugiko
white flour

黒小麦粉
kuro komugiko
brown flour

全粒粉
zenryū-fun
wholemeal flour

酵母
kōbo
yeast

パン生地
pan kiji
dough

篩にかける furui ni kakeru
sift (v)

混ぜる mazeru I **mix (v)**

こねる koneru
knead (v)

焼く yaku I **bake (v)**

耳
mimi
crust

食パンの塊
shokupan no katamari
loaf

スライス
suraisu
slice

白パン
shiro pan
white bread

黒パン
kuro pan
brown bread

全粒パン
zenryū pan
whole-meal bread

グラナリブレッド
guranari bureddo
multigrain bread

とうもろこしパン
tōmorokoshi pan
corn bread

ソーダパン
sōda pan
soda bread

サワードウブレッド
sawādo-u bureddo
sourdough bread

フラットブレッド
furattobureddo
flatbread

ベーグル
bēguru
bagel

バップ
bappu | **bun**

ロールパン
rōrupan | **roll**

フルーツパン
furūtsu pan
fruit bread

種入りパン
tane-iri pan
seeded bread

ナン
nan
naan bread

ピタパン
pita pan
pitta bread

クリスプブレッド
kurisupu bureddo
crispbread

関連用語 kanrenyōgo • vocabulary

強力粉
kyōrikiko
bread flour

膨れる
fukureru
rise (v)

発酵させる
hakkō saseru
prove (v)

パン粉
panko
breadcrumbs

スライサー
suraisā
slicer

膨らし粉入り小麦粉
fukurashiko-iri komugiko
self-rising flour

薄力粉
hakurikiko
all-purpose flour

グレーズを塗る
gurēzu o nuru
glaze (v)

波形
namigata
flute

パン職人
pan shokunin
baker

ケーキとデザート kēki to dezāto • cakes and desserts

エクレア
ekurea
éclair

クリーム
kurīmu
cream

具
gu
filling

シュー皮
shū-gawa
choux pastry

パイ生地
pai kiji
puff pastry

フィロペストリー
firo pesutorī
phyllo pastry

フルーツケーキ
furūtsu kēki
fruitcake

フルーツタルト
furūtsu taruto
fruit tart

メランゲ
merange
meringue

チョコレートを被せた
chokorēto o kabuseta
chocolate-coated

マフィン
mafin
muffin

スポンジケーキ
suponji kēki
sponge cake

ケーキ kēki | cakes

関連用語 kanrenyōgo • vocabulary

カスタードクリーム kasutādo kurīmu **crème patisserie**	**丸い小型パン** marui kogata pan **sweet bun**	**ペストリー** pesutorī **pastry**	**ライスプディング** raisu pudingu **rice pudding**	**一切れください。** hitokire kudasai? **May I have a slice, please?**
チョコレートケーキ chokorēto kēki **chocolate cake**	**カスタード** kasutādo **custard**	**一切れ** hitokire **one slice**	**お祝い** oiwai **celebration**	

チョコレートチップス
chokorēto chippusu
chocolate chip

スポンジフィンガー
suponji fingā
lady fingers

フロレンティン
turorentin
florentine

トライフル
toraifuru
trifle

ビスケット bisuketto | **cookies**

ムース
mūsu
mousse

シャーベット
shābetto
sherbet

クリームパイ
kurīmu pai
cream pie

プリン
purin
crème caramel

お祝い用ケーキ oiwai-yō kēki • celebration cakes

最上段
saijōdan
top tier

リボン
ribon
ribbon

下段
gedan
bottom tier

アイシング
aishingu
frosting

マジパン
majipan
marzipan

ウェディングケーキ wedingu kēki
wedding cake

飾り
kazari
decoration

誕生日ケーキの蝋燭
tanjōbi kēki no rōsoku
birthday candles

吹き消す
fukikesu
blow out (v)

誕生日ケーキ tanjōbi kēki | **birthday cake**

デリカテッセン derikatessen • **delicatessen**

スパイスの利いたソーセージ
supaisu no kīta sōsēji
spicy sausage

フラン
furan
flan

酢
su
vinegar

油
abura
oil

生肉
namaniku
uncooked meat

カウンター
kauntā
counter

パテ
pate
pâté

サラミ
sarami
salami

ペパロニ
peparoni
pepperoni

モツァレラチーズ
motsarera chīzu
mozzarella

ブリーチーズ
burī chīzu
brie

山羊チーズ
yagi chīzu
goat's cheese

チェダーチーズ
chedā chīzu
cheddar

パルメザンチーズ
parumezan chīzu
parmesan

カマンベールチーズ
kamanbēru chīzu
camembert

皮
kawa
rind

エダムチーズ
edamu chīzu
edam

マンチェゴチーズ
manchego chīzu
manchego

パイ
pai
meat pies

黒オリーブ
kuro orību
black olive

唐辛子
tōgarashi
chili pepper

ソース
sōsu
sauce

ロールパン
rōrupan
bread roll

調理肉
chōri niku
cooked meat

緑オリーブ
midori orību
green olive

サンドイッチ売場 sandoitchi uriba | **sandwich counter**

ハム
hamu
ham

魚の薫製
sakana no kunsei
smoked fish

ケーパー
kēpā
capers

チョリソ
choriso
chorizo

プロシュット
puroshutto
prosciutto

スタッフドオリーブ
sutaffudo orību
stuffed olive

関連用語 kanrenyōgo • vocabulary

油漬け
abura-zuke
in oil

マリネ
marine
marinated

薫製
kunsei
smoked

塩水漬け
shiomizu-zuke
in brine

塩漬け
shiozuke
salted

保存処理
hozon shori
cured

番号札を取ってください。
bangō fuda o totte kudasai.
Take a number please.

それを試食できますか。
sore o shishoku dekimasuka?
Can I try some of that, please?

それを6切れください。
sore o rokkire kudasai.
Six slices of that, please.

飲物 nomimono • drinks

水 mizu • water

容器入り飲料水
yōki-iri inryōsui
bottled water

発泡
happō
sparkling

スティル
sutiru
still

水道水
suidōsui
tap water

トニックウォーター
tonikku wōtā
tonic water

ソーダ水
sōdasui
soda water

ミネラルウォーター mineraru wōtā
mineral water

暖かい飲物 atatakai nomimono • hot drinks

ティーバッグ
tī baggu
teabag

リーフティー
rīfu tī
loose tea

紅茶
kōcha
tea

コーヒー豆
kōhī-mame
beans

コーヒー粉
kōhī-fun
ground coffee

コーヒー
kōhī
coffee

ホットココア
hotto kokoa
hot chocolate

麦芽飲料
bakuga inryō
malted drink

ソフトドリンク sofuto dorinku • soft drinks

ストロー
sutorō
straw

トマトジュース
tomato jūsu
tomato juice

グレープジュース
gurēpu jūsu
grape juice

レモネード
remonēdo
lemonade

オレンジエード
orenjiēdo
orangeade

コーラ
kōra
cola

アルコール飲料 arukōru inryō • alcoholic drinks

ジン
jin | **gin**

缶
kan
can

ビール
bīru
beer

林檎酒
ringoshu
cider

ビター
bitā
bitter

黒ビール
kurobīru
stout

ウォッカ
wokka | **vodka**

ウイスキー
uisukī | **whisky**

ラム酒
ramushu
rum

ブランデー
burandē
brandy

ポートワイン
pōtowain
port

辛口
karakuchi
dry

シェリー
sherī
sherry

カンパリ
kampari
campari

ロゼ（ワイン）
roze (wain)
rosé (wine)

白（ワイン）
shiro (wain)
white (wine)

赤（ワイン）
aka (wain)
red (wine)

リキュール
rikyūru
liqueur

テキーラ
tekīra
tequila

シャンパン
shampan
champagne

ワイン wain | **wine**

外食 gaishoku
eating out

カフェ kafe • café

メニュー
menyū
menu

オーニング
ōningu
awning

パラソル
parasoru
umbrella

テラスカフェ
terasu kafe
terrace café

ウェイター
weitā
waiter

コーヒーメーカー
kōhī mēkā
coffee machine

テーブル
tēburu
table

路上カフェ rojō kafe | **sidewalk café**

スナックバー sunakku bā | **snack bar**

コーヒー kōhī • coffee

ミルクコーヒー
miruku kōhī
coffee with milk

ブラックコーヒー
burak kukōhī
black coffee

ココアパウダー
kokoa paudā
cocoa powder

泡
awa
froth

フィルターコーヒー
firutā kōhī
filter coffee

エスプレッソ
esupuresso
espresso

カプチーノ
kapuchīno
cappuccino

アイスコーヒー
aisu kōhī
iced coffee

紅茶 kōcha • tea

ハーブ茶
hābu cha
herbal tea

カモミール茶
kamomīru cha | chamomile tea

緑茶
ryokucha
green tea

ミルクティー
miruku tī
tea with milk

紅茶
kōcha
plain tea

レモンティー
remon tī
tea with lemon

ミントティー
minto tī
mint tea

アイスティー
aisu tī
iced tea

ジュースとミルクセーキ jūsu to mirukusēki • juices and milkshakes

チョコレートミルクセーキ
chokorēto mirukusēki
chocolate milkshake

苺のミルクセーキ
ichigo no mirukusēki
strawberry
milkshake

コーヒーミルクセーキ
kōhī mirukusēki
coffee milkshake

オレンジジュース
orenji jūsu
orange juice

林檎ジュース
ringo jūsu
apple juice

パイナップルジュース
painappuru jūsu
pineapple juice

トマトジュース
tomato jūsu
tomato juice

食べ物 tabemono • food

スクープ
sukūpu
scoop

黒パン
kuro pan
brown bread

トーストサンド
tōsuto-sando
toasted sandwich

サラダ
sarada
salad

アイスクリーム
aisukurīmu
ice cream

ペストリー
pesutorī
pastry

バー bā • bar

グラス
gurasu
glasses

計量器
keiryōki
optic

レジ
reji
cash register

バーテン
bāten
bartender

タップ
tappu
beer tap

コーヒーメーカー
kōhī mēkā
coffee machine

アイスバケツ
aisu baketsu
ice bucket

バースツール
bā sutsūru
bar stool

灰皿
haizara
ashtray

コースター
kōsutā
coaster

カウンター
kauntā
bar counter

栓抜き
sennuki
bottle opener

レバー
rebā
lever

氷ばさみ
kōri-basami
tongs

マドラー
madorā
stirrer

メジャーカップ
mejā kappu
measure

コルク栓抜き koruku sennuki | **corkscrew**

シェーカー shēkā | **cocktail shaker**

水差し
mizusashi
pitcher

ジントニック
jintonikku
gin and tonic

スコッチの水割り
sukotchi no mizuwari
scotch and water

角氷
kaku-gōri
ice cube

キューバリブレ
kyūba ribure
rum and cola

スクリュードライバー
sukuryū doraibā
screwdriver

マティーニ
matīni
martini

カクテル
kakuteru
cocktail

ワイン
wain
wine

ビール bīru | **beer**

シングル
shinguru
single

ダブル
daburu
double

ワンショット
wanshotto
shot

分量
bunryō
measure

氷無し
kōri nashi
without ice

氷とレモン
kōri to remon
ice and lemon

氷入り
kōri-iri
with ice

お摘み o-tsumami • bar snacks

カシューナッツ
kashūnattsu
cashews

アーモンド
āmondo
almonds

ピーナッツ
pīnattsu
peanuts

ポテトチップス poteto chippusu
crisps

ナッツ nattsu | **nuts**

オリーブ orību | **olives**

レストラン resutoran • **restaurant**

テーブル
セッティング
tēburu settingu
table setting

コミシェフ
komi shefu
commis chef

グラス
gurasu
glass

シェフ
shefu
chef

トレイ
torei
tray

キッチン kitchin | **kitchen**

ウェイター weitā | **waiter**

関連用語 kanrenyōgo • **vocabulary**

ワインリスト wain risuto **wine list**	デザートワゴン dezāto wagon **dessert cart**	領収書 ryōshūsho **receipt**	サービス料抜き sābisu-ryō nuki **service not included**	客 kyaku **customer**	座卓 zataku **(low Japanese) table**
酒 sake **rice wine**	値段 nedan **price**	チップ chippu **tip**	ビュッフェ byuffe **buffet**	塩 shio **salt**	座布団 zabuton **(Japanese) cushion**
アラカルト arakaruto **à la carte**	会計 kaikei **check**	サービス料込み sābisu-ryō komi **service included**	お薦め料理 o-susume ryōri **specials**	胡椒 koshō **pepper**	

メニュー
menyū
menu

お子様メニュー
okosama menyū
child's meal

注文する chūmon suru | **order (v)**

支払う shiharau | **pay (v)**

コース料理 kōsu ryōri • courses

食前酒
shokuzenshu
apéritif

前菜
zensai
appetizer

スープ
sūpu
soup

主菜
shusai
entrée

サイドオーダー
saido ōdā
side order

デザート dezāto
dessert

コーヒー kōhī
coffee

2人分の席をお願いします。
futari-bun no seki o onegaishimasu.
A table for two, please.

メニュー/ワインリストを見せてください。
menyū/wainrisuto o misete kudasai?
Can I see the menu/wine list, please?

セットメニューはありますか。
setto menyū wa arimasuka?
Is there a fixed-price menu?

ベジタリアン料理はありますか。
bejitarian ryōri wa arimasuka?
Do you have any vegetarian dishes?

会計/領収書をお願いします。
o-kaikei/ryōshūsho o onegaishimasu?
Could I have the check/a receipt, please?

会計は別々にお願いします。
kaikei wa betsubetsu ni onegaishimasu?
Can we pay separately?

お手洗いはどこですか。
o-tearai wa doko desuka?
Where are the restrooms, please?

ファーストフード fāsuto fūdo • **fast food**

ハンバーガー
hambāgā
burger

ストロー
sutorō
straw

ソフトドリンク
sofuto dorinku
soft drink

フライドポテト
furaido poteto
french fries

ペーパーナプキン
pēpā napukin
paper napkin

トレイ
torei
tray

バーガーミール bāgā mīru | **burger meal**

ピザ
piza
pizza

価格表
kakaku hyō
price list

缶飲料
kan inryō
canned drink

宅配 takuhai | **home delivery**

露店 roten | **hot dog vendor**

ピザ屋
piza-ya
pizzeria

ハンバーガー屋
hambāgā-ya
burger bar

メニュー
menyū
menu

店内飲食
tennai inshoku
for here

持ち帰り
mochikaeri
to go

温め直す
atatamenaosu
reheat (v)

ケチャップ
ketchappu
ketchup

おにぎり
onigiri
rice ball

弁当
bentō
lunch box

それを持ち帰りにしてください。
sore o mochikaeri ni shite kudasai?
Can I have that to go, please?

出前はできますか。
demae wa dekimasuka?
Do you deliver?

バンズ
banzu
bun

マスタード
masutādo
mustard

ソーセージ
sōsēji
sausage

ハンバーガー
hambāgā
hamburger

チキンバーガー
chikin bāgā
chicken burger

ベジバーガー
beji bāgā
veggie burger

ホットドッグ hotto doggu
hot dog

具
gu
filling

サンドイッチ
sandoitchi
sandwich

クラブサンド
kurabu-sando
club sandwich

オープンサンド
ōpun-sando
open sandwich

ラップサンド
rappu sando
wrap

ソース
sōsu
sauce

塩味
shioaji
savoury

甘い
amai
sweet

トッピング
toppingu
topping

ケバブ
kebabu
kebab

チキンナゲット
chikin nagetto
chicken nuggets

クレープ kurēpu | crêpes

フィッシュ＆チップス
fisshu ando chippusu
fish and chips

スペアリブ
supea ribu
ribs

フライドチキン
furaido chikin
fried chicken

ピザ
piza
pizza

朝食 chōshoku • breakfast

牛乳
gyūnyū
milk

シリアル
shiriaru
cereal

ジャム
jamu
jam

ドライフルーツ
dorai furūtsu
dried fruit

ハム
hamu
ham

チーズ
chīzu
cheese

クリスプブレッド
kurisupu bureddo
crispbread

朝食ビュッフェ
chōshoku byuffe
breakfast buffet

マーマレード
māmarēdo
marmalade

パテ
pate
pâté

バター
batā
butter

果物ジュース
kudamono jūsu
fruit juice

コーヒー
kōhī
coffee

ホットココア
hotto kokoa
hot chocolate

クロワッサン
kurowassan
croissant

紅茶
kōcha
tea

朝食のテーブル chōshoku no tēburu | **breakfast table**

飲物 nomimono | **drinks**

ブリオッシュ
buriosshu
brioche

パン
pan
bread

トマト
tomato
tomato

ブラックプディング
burakku pudingu
black pudding

トースト
tōsuto
toast

目玉焼き
medamayaki
fried egg

ソーセージ
sōsēji
sausage

ベーコン
bēkon
bacon

イングリッシュ・ブレックファースト
ingurisshu burokkufāsuto
English breakfast

薫製ニシン
kunsei nishin
kippers

フレンチトースト
furenchi tōsuto
French toast

黄身
kimi
yolk

ゆで卵
yudetamago
boiled egg

スクランブルエッグ
sukuramburu eggu
scrambled eggs

クリーム
kurīmu
cream

フルーツヨーグルト
furūtsu yōguruto
fruit yogurt

パンケーキ
pankēki
crêpes

ワッフル
waffuru
waffles

ポリッジ
porijji
oatmeal

フルーツサラダ
furūtsu sarada
fresh fruit

食事 shokuji • dinner

スープ sūpu | soup

コンソメ konsome | broth

シチュー shichū | stew

カレー karē | curry

ロースト rōsuto | roast

ミートパイ mītopai | pie

スフレ sufure | soufflé

ケバブ kebabu | kebab

ミートボール mītobōru
meatballs

オムレツ omuretsu
omelet

焼きそば yaki shoba
fried noodles

麺
men
noodles

パスタ pasuta
pasta

ご飯 gohan | rice

ミックスサラダ mikkusu sarada
tossed salad

グリーンサラダ gurīn
sarada
green salad

サラダドレッシング
sarada doresshingu
dressing

調理方法 chōri hōhō • **techniques**

詰め物 tsumemono
stuffed

煮込んだ nikonda | **in sauce**

（グリルで）焼いた
(guriru de) yaita | **grilled**

マリネ marine | **marinated**

（沸騰前の温度で）茹でた (futtō
mae no ondo de) yudeta | **poached**

つぶした tsubushita
mashed

（オーブンで）焼いた
(ōbun de) yaita | **baked**

（フライパンで）焼いた
(furaipan de) yaita | **pan-fried**

炒めた itameta | **fried**

ピクルス pikurusu
pickled

薫製 kunsei | **smoked**

揚げた ageta | **deep fried**

シロップ漬け shiroppu-
zuke
in syrup

ドレッシングをかけた
doresshingu o kaketa
dressed

蒸した mushita
steamed

保存処理した
hozon shori shita
cured

学習 gakushū
study

学校 gakkō • school

黒板
kokuban
blackboard

先生
sensei
teacher

通学鞄
tsūgaku kaban
schoolbag

生徒
seito
student

机
tsukue
desk

チョーク
chōku
chalk

教室 kyōshitsu | classroom

女子生徒
joshi seito
schoolgirl

男子生徒
danshi seito
schoolboy

関連用語 kanrenyōgo • vocabulary

歴史 rekishi history	科学 kagaku science	物理 butsuri physics
外国語 gaikokugo languages	美術 bijutsu art	化学 kagaku chemistry
文学 bungaku literature	音楽 ongaku music	生物 seibutsu biology
地理 chiri geography	数学 sūgaku math	体育 tai'iku physical education

学業 gakugyō • activities

読む yomu | read (v)

書く kaku | write (v)

綴る tsuzuru | spell (v)

描く egaku | draw (v)

ペン先
pensaki
nib

色鉛筆
iro empitsu
colored pencil

鉛筆削り
empitsu kezuri
pencil
sharpener

デジタルプロジェクター
dejitaru purojekutā
digital projector

ペン
pen
pen

鉛筆
empitsu
pencil

消しゴム
keshigomu
eraser

ノート
nōto
notebook

教科書 kyōkasho | textbook

筆箱 fudebako | pencil case

定規 jōgi | ruler

質問する shitsumon suru
question (v)

答える kotaeru | answer (v)

話し合う hanashiau
discuss (v)

学ぶ manabu | learn (v)

関連用語 kanrenyōgo • vocabulary

校長先生 kōchō sensei **principal**	答え kotae **answer**	成績 seiseki **grade**
授業 jugyō **lesson**	宿題 shukudai **homework**	学年 gakunen **year**
質問 shitsumon **question**	試験 shiken **test**	辞書 jisho **dictionary**
ノートを取る nōto o toru **take notes (v)**	作文 sakubun **essay**	百科事典 hyakkajiten **encyclopedia**

数学 sūgaku • **math**

平面図形 heimenzukei • **shapes**

円弧
enko
arc

円周
enshū
circumference

中心
chūshin
center

直径
chokkei
diameter

半径
hankei
radius

円形
enkei
circle

対角線
taikakusen
diagonal

四角形
shikakkei
square

長方形
chōhōkei
rectangle

楕円形
daenkei
oval

角度
kakudo
angle

斜辺
shahen
hypotenuse

三角形
sankakkei
triangle

平行四辺形
heikōshihenkei
parallelogram

菱形
hishigata
rhombus

台形
daikei
trapezium

五角形
gokakkei
pentagon

六角形
rokkakukei
hexagon

八角形
hakkakkei
octagon

立体図形 rittaizukei • **solids**

底面
teimen
base

面
men
side

頂点
chōten
apex

円錐
ensui
cone

円柱
enchū
cylinder

立方体
rippōtai
cube

角錐
kakusui
pyramid

球
kyū
sphere

線 sen • lines

直線
chokusen
straight

平行線
heikōsen
parallel

垂直線
suichokusen
perpendicular

曲線
kyokusen
curved

測定 sokutei • measurements

幅
haba
width

長さ
nagasa
length

高さ
takasa
height

奥行き
okuyuki
depth

分子
bunshi
numerator

分母
bumbo
denominator

体積
taiseki
volume

分数
bunsu
fraction

寸法
sumpō
dimensions

面積
menseki
area

数学用品 sūgaku yōhin • equipment

三角定規
sankakujōgi
square

分度器
bundoki
protractor

定規
jōgi
ruler

コンパス
kompasu
compass

電卓
dentaku
calculator

関連用語 kanrenyōgo • vocabulary

幾何学 kikagaku **geometry**	**プラス** purasu **plus**	**掛ける** kakeru **times**	**イコール** ikōru **equals**	**足す** tasu **add (v)**	**掛ける** kakeru **multiply (v)**	**数式** sūshiki **equation**
算数 sansū **arithmetic**	**マイナス** mainasu **minus**	**割る** waru **divided by**	**数える** kazoeru **count (v)**	**引く** hiku **subtract (v)**	**割る** waru **divide (v)**	**百分率** hyakubunritsu **percentage**

科学 kagaku • science

実験室
jikken shitsu
laboratory

天秤
tembin
scales

重り
omori
weight

バネ秤
banebakari
spring balance

坩堝
rutsubo
crucible

ブンゼンバーナー
bunsen bānā
bunsen burner

三脚
sankyaku
tripod

スタンド
sutando
clamp stand

ガラス瓶
garasu bin
glass bottle

試験管
shikenkan
test tube

クランプ
kurampu
clamp

漏斗
rōto
funnel

ストッパー
sutoppā
stopper

試験管立て
shikenkan-tate
rack

フラスコ
furasuko
flask

タイマー
taimā
timer

シャーレー
shārē
petri dish

実験 jikken | experiment

温度計
ondokei
thermometer

注射器
chūshaki
syringe

ピンセット
pinsetto
tweezers

メス
mesu
scalpel

スポイト supoito | **dropper**

鉗子 kanshi | **forceps**

トング tongu | **tongs**

へら hera | **spatula**

乳棒
nyūbō
pestle

乳鉢
nyūbachi
mortar

濾紙
roshi
filter paper

安全ゴーグル
anzen gōguru
safety goggles

接眼レンズ
setsugan renzu
eyepiece

焦点調節ノブ
shōten chōsetsu
nobu
focusing knob

対物レンズ
taibutsu renzu
objective lens

ガラス棒
garasubō
glass stirrer

試料台
shiryō dai
stage

ピペット
pipetto
pipette

ビーカー
bīkā
beaker

スライド
suraido
slide

磁石
jishaku
magnet

鰐口クリップ
waniguchi kurippu
alligator clip

反射鏡
hanshakyō
mirror

負極
fukyoku
negative electrode

正極
seikyoku
positive electrode

顕微鏡 kembikyō | **microscope**

電池 denchi | **battery**

大学 daigaku • college

入学事務局
nyūgaku
jimukyoku
admissions office

スポーツ
フィールド
supōtsu
firudo
sports field

学生食堂
gakusei
shokudō
cafeteria

学生寮
gakusei ryō
residence hall

医療センター
iryō sentā
clinic

キャンパス kyampasu | **campus**

関連用語 kanrenyōgo • **vocabulary**

図書カード tosho kādo **library card**	問い合わせ toiawase **help desk**	借出し karidashi **loan**
閲覧室 etsuran shitsu **reading room**	借りる kariru **borrow (v)**	本 hon **book**
読書リスト dokusho risuto **reading list**	予約する yoyaku suru **reserve (v)**	題名 daimei **title**
返却日 henkyaku-bi **due date**	延長する enchō suru **renew (v)**	通路 tsūro **aisle**

司書
shisho
librarian

貸出カウンター
kashidashi kauntā
circulation desk

書架
shoka
bookshelves

定期刊行物
teiki kankōbutsu
periodical

雑誌
zasshi
journal

図書館 toshokan | **library**

大学生
daigakusei
undergraduate

講師
kōshi
professor

卒業生
sotsugyōsei
graduate

ローブ
rōbu
robe

講堂 kōdō | **lecture hall**

卒業式 sotsugyō-shiki | **graduation ceremony**

専門学校 senmongakkō • **schools**

モデル
moderu
model

美術大学 bijutsu daigaku
art college

音楽学校 ongaku gakkō
music school

舞踊学院 buyō gakuin
dance academy

関連用語 kanrenyōgo • **vocabulary**

奨学金 shōgakuhin **scholarship**	研究 kenkyū **research**	学位論文 gakui-rombun **dissertation**	医学 igaku **medicine**	哲学 tetsugaku **philosophy**
卒業証書 sotsugyō-shōsho **diploma**	修士号 shūshi gō **master's degree**	学部 gakubu **department**	動物学 dōbutsugaku **zoology**	文学 bungaku **literature**
学位 gakui **degree**	博士号 hakase gō **doctorate**	法学 hōgaku **law**	物理学 butsurigaku **physics**	美術史 bijutsushi **art history**
大学院 daigakuin **postgraduate**	卒業論文 sotsugyō-rombun **thesis**	工学 kōgaku **engineering**	政治学 seijigaku **politics**	経済学 keizaigaku **economics**

仕事 shigoto
work

事務所1 jimusho • office 1

デスクトップオーガナイザー
desukutoppu ōganaizā
desktop organizer

ノート
nōto
notebook

ノートパソコン
nōtopasokon
laptop

決済箱
kessai-bako
out-tray

モニター
monitā
monitor

未決済箱
mikessai-bako
in-tray

引出し
hikidashi
drawer

机
tsukue
desk

回転椅子
kaiten isu
swivel chair

ゴミ箱
gomibako
wastebasket

ファイリングキャビネット
fairingu kyabinetto
filing cabinet

事務機器 jimu kiki • office equipment

給紙トレイ
kyūshi torei
paper tray

プリンタ purinta | **printer**

ファックス fakkusu
fax machine

事務用品 jimu yōhin • office supplies

謹呈スリップ
kintei surippu
notecard

レターヘッド
retāheddo
stationery

封筒
fūtō
envelope

箱型ファイル
hako-gata fairu
box file

仕切りカード
shikiri kādo
divider

インデックス
indekkusu
tab

クリップボード
kurippubōdo
clipboard

ノート
nōto
notepad

吊り下げ式フォルダー
tsurisage-shiki forudā
hanging file

ドキュメントファイル
dokyumento fairu
expanding file

レバーアーチ式ファイル
rebā'āchi-shiki fairu
ring binder

（ホチキスの）針
(hochikisu no) shin
staples

セロテープ
serotēpu
sticky tape

スタンプ台
sutampu dai
ink pad

システム手帳
shisutemu techō
personal organizer

ホチキス
hochikisu
stapler

テープカッター
tēpu kattā
tape dispenser

穴あけパンチ
ana'ake panchi
hole punch

ゴム印
gomuin
rubber stamp

輪ゴム
wagomu
rubber band

目玉クリップ
medama kurippu
bulldog clip

ゼムクリップ
zemu kurippu
paper clip

画鋲
gabyō
thumbtack

掲示板 keijiban | **notice board**

事務所2 jimusho • office 2

フリップチャート
furippu chāto
flipchart

イーゼル
īzeru
easel

提案書
teian sho
proposal

報告書
hōkokusho
report

マネージャー
manējā
manager

幹部
kambu
executive

議事録
gijiroku
minutes

会議 kaigi | meeting

関連用語 kanrenyōgo • vocabulary

会議室
kaigi shitsu
meeting room

出席する
shusseki suru
attend (v)

議題
gidai
agenda

議長を務める
gichō o tsutomeru
chair (v)

会議は何時ですか。
kaigi wa nanji desuka?
What time is the meeting?

営業時間は何時から何時までですか。
eigyōjikan wa nanji kara nanji made desuka?
What are your office hours?

プレゼンター
purezentā
speaker

プレゼンテーション purezentēshon | presentation

ビジネス bijinesu • business

ビジネスマン
bijinesuman
businessman

ビジネスウーマン
bijimesu'ūman
businesswoman

ビジネスランチ bijinesu ranchi | **business lunch**

出張 shutchō | **business trip**

予定
yotei
appointment

手帳 techō | **organizer**

社長
shachō
CEO

商取引 shōtorihiki | **business deal**

関連用語 kanrenyōgo • vocabulary

会社
kaisha
company

従業員
jūgyōin
staff

経理部
keiri bu
accounts department

法務部
hōmu bu
legal department

本社
honsha
headquarters

給料
kyūryō
salary

市場開発部
shijōkaihatsu bu
marketing department

顧客サービス部
kokyaku sābisu bu
customer service department

支社
shisha
regional office

従業員名簿
jūgyōin meibo
payroll

営業部
eigyō bu
sales department

人事部
jinji bu
human resources department

コンピュータ kompyūta • **computer**

プリンター
purintā
printer

画面
gamen
screen

スキャナー
sukyanā
scanner

ノートパソコン
nōtopasokon
laptop

キー
kī
key

キーボード
kībōdo
keyboard

マウス
mausu
mouse

スピーカー
supīkā
speaker

ハードウェア
hādowea
hardware

メモリースティック
memorī sutikku
memory stick

外付けハードドライブ
sotozuke hādo doraibu
external hard drive

関連用語 kanrenyōgo • **vocabulary**		
メモリ memori **memory**	ソフト sofuto **software**	サーバー sābā **server**
RAM ramu **RAM**	アプリケーション apurikēshon **application**	ポート pōto **port**
バイト baito **bytes**	プログラム puroguramu **program**	プロセッサ purosessa **processor**
システム shisutemu **system**	ネットワーク nettowāku **network**	電源ケーブル dengen kēburu **power cord**

iPad©
ai paddo
iPad©

スマートフォン
sumātofon
smartphone

デスクトップ desukutoppu • **desktop**

メニューバー
menyūbā
menu bar

ツールバー
tsūrubā
toolbar

壁紙
kabegami
wallpaper

フォント
fonto
font

アイコン
aikon
icon

スクロールバー
sukurōrubā
scrollbar

ウィンドウ
windo-u
window

ファイル
fairu
file

フォルダ
foruda
folder

ごみ箱
gomibako
trash

インターネット intānetto • **internet**

Eメール īmēru • **email**

ブラウザ
burauza
browser

受信箱
jushin-bako
inbox

ウェブサイト
webusaito
website

Eメールアドレス
īmēru adoresu
email address

閲覧する etsuran suru | browse (v)

関連用語 kanrenyōgo • **vocabulary**

接続する setsuzoku suru **connect (v)**	サービスプロバイダ sābisu purobaida **service provider**	ログオンする roguon suru **log on (v)**	ダウンロードする daunrōdo suru **download (v)**	送信する sōshin suru **send (v)**	保存する hozon suru **save (v)**
インストールする insutōru suru **install (v)**	メールアカウント mēru akaunto **email account**	オンライン onrain **on line**	添付書類 tempu shorui **attachment**	受信する jushin suru **receive (v)**	検索する kensaku suru **search (v)**

報道 hōdō • media

テレビスタジオ terebi sutajio • television studio

セット
setto
set

司会者
shikai-sha
presenter

照明
shōmei
light

カメラ
kamera
camera

カメラ台
kamera dai
camera crane

カメラマン
kameraman
cameraman

関連用語 kanrenyōgo • vocabulary

チャンネル channeru channel	ニュース nyūsu news	新聞 shimbun press	連続ドラマ renzoku dorama soap opera	アニメ anime cartoon	ライブ raibu live
番組制作 bangumi seisaku programming	ドキュメンタリー dokyumentarī documentary	シリーズ番組 shirīzu bangumi television series	ゲーム番組 gēmu bangumi game show	録画 rokuga prerecorded	放送する hōsō suru broadcast (v)

インタビュアー intabyuā
interviewer

レポーター repōtā | **reporter**

テロップ teroppu
teleprompter

ニュースキャスター
nyūsukyasutā | **newscaster**

俳優 haiyū
actors

ブームマイク bumumaiku
sound boom

カチンコ kachinko
clapper board

映画のセット eiga no setto
movie set

ラジオ rajio • **radio**

サウンドエンジニア
saundo enjinia
sound technician

調整卓
chōsei taku
mixing desk

マイク
maiku
microphone

録音スタジオ rokuon sutajio | **recording studio**

関連用語 kanrenyōgo • **vocabulary**

ラジオ局
rajio kyoku
radio station

音量
onryō
volume

ディスクジョッキー
disuku jokkī
DJ

合わせる
awaseru
tune (v)

放送
hōsō
broadcast

短波
tampa
short wave

波長
hachō
wavelength

中波
chūha
medium wave

長波
chōha
long wave

アナログ
anarogu
analog

波数
shūhasū
frequency

デジタル
dejitaru
digital

法律 hōritsu • law

法廷係官
hōtei kakari-kan
bailiff

証人
shōnin
witness

裁判官
saibankan
judge

弁護士
bengoshi
lawyer

陪審員
baishin'in
jury

陪審員席
baishin'in seki
jury box

法廷 hōtei | **courtroom**

起訴側
kiso-gawa
prosecution

裁判所職員
saibansho shokuin
clerk

関連用語 kanrenyōgo • vocabulary

法律事務所 hōritsu jimusho **lawyer's office**	呼出し状 yobidashijō **summons**	命令 meirei **writ**	訴訟案件 soshō anken **court case**
法律相談 hōritsu sōdan **legal advice**	陳述書 chinjutsu-sho **statement**	公判日 kōhan-bi **court date**	罪状 zaijō **charge**
クライアント kuraianto **client**	令状 reijō **warrant**	罪状認否 zaijōnimpi **plea**	被疑者 higisha **accused**

速記者
sokki-sha
stenographer

容疑者
yōgisha
suspect

被告人
hikokunin
defendant

被告側
hikoku-gawa
defense

モンタージュ写真
mōntāju shashin
composite

犯罪者
hanzai-sha
criminal

犯罪歴 hanzai-reki
criminal record

看守 kanshu | prison guard

監房 kambō | cell

刑務所 keimusho | prison

関連用語 kanrenyōgo • vocabulary

証拠 shōko **evidence**	有罪 yūzai **guilty**	保釈金 hoshakukin **bail**	弁護士に会わせてください。 bengoshi ni awasete kudasai **I want to see a lawyer.**
判決 hanketsu **verdict**	無罪 muzai **acquitted**	上訴 jōso **appeal**	裁判所はどこですか。 saibansho wa doko desuka? **Where is the courthouse?**
無実 mujitsu **innocent**	刑罰 keibatsu **sentence**	仮釈放 karishakuhō **parole**	保釈金を払えますか。 hoshakukin o haraemasuka? **Can I post bail?**

農場1 nōjō • farm 1

農地
nōchi
farmland

農家の庭
nōka no niwa
farmyard

離れ家
hanareya
outbuilding

農家
nōka
farmhouse

畑
hatake
field

農夫
nōfu
farmer

納屋
naya
barn

菜園
saien
vegetable
garden

生け垣
ikegaki
hedge

門
mon
gate

垣根
kakine
fence

牧草地
bokusō-chi
pasture

家畜
kachiku
livestock

耕運機
kō'unki
cultivator

トラクター torakutā | tractor

コンバイン kombain | combine

農場の種類 nōjō no shurui • types of farm

作物
sakumotsu
crop

耕作農場
kōsaku nōjō
crop farm

酪農場
rakunōjō
dairy farm

羊の群れ
hitsuji no mure
flock

牧羊農場
bokuyō nōjō
sheep farm

養鶏場 yōkeijō
poultry farm

養豚場
yōtonjō
pig farm

養魚場
yōgyojō
fish farm

果樹園
kajuen
fruit farm

葡萄の木
budō no ki
vine

葡萄園
budōen
vineyard

業務 gyōmu • actions

畦
aze
furrow

耕す
tagayasu
plow (v)

種を蒔く
tane o maku
sow (v)

乳を搾る
chichi o shiboru
milk (v)

餌を与える
esa o ataeru
feed (v)

水を引く mizu o hiku
water (v)

刈り入れる kari'ireru
harvest (v)

関連用語 kanrenyōgo • vocabulary

除草剤 josōzai herbicide	群れ mure herd	かいば桶 kaibaoke trough
殺虫剤 satchūzai pesticide	サイロ sairo silo	植える ueru plant (v)

農場2 nōjō • farm 2

作物 sakumotsu • crops

小麦
komugi
wheat

トウモロコシ
tōmorokoshi
corn

大麦
ōmugi
barley

菜種
natane
rapeseed

向日葵
himawari
sunflower

俵
tawara
bale

干し草
hoshikusa
hay

アルファルファ
arufarufa
alfalfa

煙草
tabako | **tobacco**

米
kome
rice

茶
cha
tea

コーヒー
kōhī
coffee

かかし
kakashi
scarecrow

亜麻
ama
flax

砂糖黍
satōkibi
sugarcane

綿花
menka
cotton

家畜 kachiku • livestock

子豚
kobuta
piglet

子牛
ko-ushi
calf

豚
buta
pig

雌牛
meushi
cow

雄牛
o-ushi
bull

羊
hitsuji
sheep

子山羊
koyagi
kid

子馬
ko-uma
foal

子羊
kohitsuji
lamb

山羊
yagi
goat

馬
uma
horse

驢馬
roba
donkey

雛
hiyoko
chick

子鴨
kogamo
duckling

鶏
niwatori
chicken

雄鶏
ondori
rooster

七面鳥
shichimenchō
turkey

鴨
kamo
duck

馬屋
umaya
stable

畜舎
chikusha
pen

鳥小屋
torigoya
chicken coop

豚小屋
butagoya
pig sty

建設 kensetsu • construction

足場
ashiba
scaffolding

パレット
paretto
pallet

梯子
hashigo
ladder

窓
mado
window

垂木
taruki
rafter

フォークリフト
fōku rifuto
forklift truck

工事現場
kōji gemba
building site

まぐさ
magusa
lintel

壁
kabe
wall

桁
keta
girder

ヘルメット
herumetto
hard hat

工具差し
kōgu sashi
toolbelt

梁
hari
beam

セメント
semento
cement

建てる
tateru
build (v)

建築屋
kenchiku-ya
construction worker

コンクリートミキサー
konkurīto mikisā
cement mixer

建築材料 kenchiku zairyō • materials

煉瓦
renga
brick

材木
zaimoku
lumber

屋根瓦
yane-gawara
roof tile

コンクリートブロック
konkurīto burokku
concrete block

道具 dōgu • tools

モルタル
morutaru
mortar

こて
kote
trowel

水平器
suiheiki
level

柄
e
handle

大ハンマー
ōhanmā
sledgehammer

つるはし
tsuruhashi
pickax

スコップ
sukoppu
shovel

機械 kikai • machinery

ローラー
rōrā
roller

ダンプカー
dampukā
dump truck

アウトリガー
autorigā
support

フック
fukku
hook

クレーン車 kurēn-sha | **crane**

道路工事 dōro kōji • roadworks

タールマック
tārumakku
asphalt

三角コーン
sankaku-kōn
cone

空気ドリル
kūki-doriru
jackhammer

再舗装
saihosō
resurfacing

掘削機
kussakuki
excavator

職業1 shokugyō • occupations 1

大工
daiku
carpenter

電気工
denkikō
electrician

配管工
haikankō
plumber

建築屋
kenchiku-ya
construction worker

庭師
niwashi
gardener

掃除機
sōjiki
vacuum
cleaner

掃除夫
sōjifu
cleaner

修理工
shūrikō
mechanic

肉屋
nikuya
butcher

魚屋
sakanaya
fish-seller

八百屋
yaoya
produce-seller

花屋
hanaya
florist

美容師
biyōshi
hairdresser

床屋
tokoya
barber

宝石商
hōseki-shō
jeweler

店員
ten'in
sales clerk

不動産屋
fudōsan-ya
realtor

眼鏡屋
megane-ya
optician

歯医者
haisha
dentist

マスク
masuku
mask

医者
isha
doctor

薬剤師
yakuzaishi
pharmacist

看護婦
kangofu
nurse

獣医
jūi
veterinarian

農夫
nōfu
farmer

漁師
ryōshi
fisherman

マシンガン
mashin-gan
machine gun

名札
nafuda
badge

制服
seifuku
uniform

警備員
keibi'in
security guard

船員
sen'in
sailor

兵士
heishi
soldier

警官
keikan
police officer

消防士
shōbōshi
firefighter

職業2 shokugyō • occupations 2

弁護士
bengoshi
lawyer

会計士
kaikeishi
accountant

模型
mokei
model

建築家 kenchikuka l **architect**

科学者
kagakusha
scientist

教師
kyōshi
teacher

司書
shisho
librarian

受付係
uketsuke gakari
receptionist

郵便鞄
yūbin kaban
mailbag

郵便配達
yūbinhaitatsu
mail carrier

バスの運転手
basu no untenshu
bus driver

トラックの運転手
torakku no untenshu
truck driver

タクシーの運転手
takushī no untenshu
cab driver

パイロット
pairotto
pilot

スチュワーデス
suchuwādesu
flight attendant

旅行代理店の社員
ryokō dairiten no shain
travel agent

シェフの帽子
shefu no bōsh
chef's hat

シェフ
shefu
chef

チュチュ
chuchu
tutu

音楽家
ongakuka
musician

ダンサー
dansā
dancer

女優
joyū
actress

歌手
kashu
singer

ウェイトレス
weitoresu
waitress

バーテン
bāten
bartender

スポーツマン
supōtsuman
sportsman

彫刻家
chōkokuka
sculptor

メモ
memo
notes

画家
gaka
painter

写真家
shashinka
photographer

ニュースキャスター
nyūsukyasutā
newscaster

ジャーナリスト
jānarisuto
journalist

編集者
henshū-sha
editor

デザイナー
dezainā
designer

針子
hariko
seamstress

仕立屋
shitateya
tailor

交通 kōtsū
transportation

道路 dōro • roads

高速道路
kōsoku dōro
freeway

料金所
ryōkin-jo
toll booth

路面標識
romen hyōshiki
road markings

出入路
shutsunyū-ro
frontage road

一方通行
ippōt-sūkō
one-way

分岐帯
bunki-tai
divider

ジャンクション
jankushon
interchange

信号
shingō
traffic light

走行車線
sōkō shasen
right lane

中央車線
chūō shasen
center lane

追い越し車線
oikoshi shasen
passing lane

出口ランプ
deguchi rampu
exit ramp

交通
kōtsū
traffic

高架道路
kōka dōro
overpass

路肩
rokata
shoulder

トラック
torakku
truck

中央分離帯
chūō bunri-tai
median strip

ガード下通路
gādo shita tsūro
underpass

横断歩道
ōdan hodō
crosswalk

緊急電話
kinkyū denwa
emergency phone

身体障害者用駐車スペース
shintaishōgaisha-yō chūsha supēsu
disabled parking

交通渋滞
kōtsū jūtai
traffic jam

カーナビ
kānabi
satnav

パーキングメーター
pākingu mētā
parking meter

交通巡査
kōtsū junsa
traffic policeman

関連用語 kanrenyōgo • vocabulary

環状交差点
kanjō kōsaten
roundabout

迂回路
ukairo
detour

道路工事
dōro kōji
road work

ガードレール
gādo rēru
guard rail

往復分離道路
ōfuku bunri dōro
divided highway

駐車する
chūsha suru
park (v)

運転する
unten suru
drive (v)

バックする
bakku suru
back up (v)

追い越す
oikosu
pass (v)

レッカー移動
rekkā idō
tow away (v)

これは...へ行く道ですか。
kore wa ... e iku michi desuka?
Is this the road to...?

どこに駐車できますか。
dokoni chūsha dekimasuka?
Where can I park?

道路標識 dōro hyōshiki • road signs

進入禁止
shinnyū kinshi
do not enter

制限速度
seigen sokudo
speed limit

危険
kiken
hazard

停車禁止
teisha kinshi
no stopping

右折禁止
jusetsu kinshi
no right turn

バス basu • bus

運転席
unten seki
driver's seat

手摺
tesuri
handrail

自動ドア
jidō doa
automatic door

前輪
zenrin
front wheel

トランクルーム
toranku rūmu
luggage hold

ドア doa | door

長距離バス chōkyori basu | long-distance bus

バスの種類 basu no shurui • types of buses

路線番号
rosen bangō
route number

運転手
untenshu
driver

二階建てバス
nikaidate basu
double-decker bus

路面電車
romen densha
tram

トロリーバス
tororī basu
trolley bus

スクールバス sukūru basu | school bus

後輪
kōrin
rear wheel

窓
mado
window

停車ボタン
teisha botan
stop button

乗車券
jōshaken
bus ticket

ベル
beru
bell

バスターミナル
basu tāminaru
bus station

バス停
basu-tei
bus stop

関連用語 kanrenyōgo • vocabulary

料金
ryōkin
fare

車椅子対応
kurumaisu taiō
wheelchair access

時刻表
jikokuhyō
schedule

バス待合所
basu machiai-jo
bus stop shelter

...で停まりますか。
... de tomarimasuka?
Do you stop at...?

...へ行くのは、どのバスですか。
... e ikunowa dono basu desuka?
Which bus goes to...?

マイクロバス
maikuro basu
minibus

観光バス kankō basuv | tour bus

シャトルバス shatoru basu | shuttle bus

自動車1 jidōsha • car 1

外装 gaisō • exterior

ドアミラー
doa mirā
side mirror

フロントガラス
furonto garasu
windshield

バックミラー
bakku mirā
rearview mirror

ワイパー
waipā
windshield wiper

ドア
doa
door

ボンネット
bonnetto
hood

トランク
toranku
trunk

方向指示器
hōkō shijiki
turn signal

バンパー
bampā
bumper

ヘッドライト
heddo raito
headlight

車輪
sharin
wheel

タイヤ
taiya
tire

ナンバープレート
nambā purēto
license plate

荷物
nimotsu
luggage

ルーフラック
rūfu rakku
roof rack

後部ドア
kōbu doa
tailgate

シートベルト
shīto beruto
seat belt

チャイルドシート
chairudo shīto
car seat

車の種類 kuruma no shurui • types

電気自動車
denki jidōsha
electric car

ハッチバック
hatchibakku
hatchback

セダン
sedan
sedan

ステーションワゴン
sutēshonwagon
station wagon

オープンカー
ōpun kā
convertible

スポーツカー
supōtsu kā
sports car

ワンボックスカー
wambokkusu kā
minivan

四輪駆動車
yonrin kudōsha
four-wheel drive

クラシックカー
kurashikku kā
vintage

リムジン
rimujin
limousine

ガソリンスタンド gasorin sutando • gas station

ガソリンポンプ
gasorin pompu
gas pump

価格
kakaku
price

給油場
kyūyujō
forecourt

関連用語 kanrenyōgo • vocabulary

オイル oiru **oil**	有鉛 yūen **leaded**	洗車 sensha **car wash**
ガソリン gasorin **gasoline**	ディーゼル dīzeru **diesel**	不凍剤 futōzai **antifreeze**
無鉛 muen **unleaded**	整備工場 seibi kōjō **garage**	フロントガラス洗浄液 furonto-garasu senjōeki **washer fluid**

満タンお願いします。
mantan onegaishimasu.
Fill it up, please.

自動車 2 jidōsha • car 2

内装 naisō • interior

ヘッドレスト
heddo resuto
headrest

ドアロック
doa rokku
door lock

ドアハンドル
doa handoru
handle

後部座席
kōbu zaseki
back seat

アームレスト
āmu resuto
armrest

関連用語 kanrenyōgo • vocabulary

ツードア tsū doa **two-door**	フォードア fō doa **four-door**	オートマ ōtoma **automatic**	ブレーキ burēki **brake**	アクセル akuseru **accelerator**
スリードア surī doa **hatchback**	マニュアル manyuaru **manual**	イグニッション igunisshon **ignition**	クラッチ kuratchi **clutch**	エアコン eakon **air conditioning**

...への行き方を教えてください。
... eno ikikata o oshiete kudasai?
Can you tell me the way to...?

駐車場はどこですか。
chūshajō wa doko
desuka?
Where is the parking lot?

ここに駐車できますか。
kokoni chūsha
dekimasuka?
Can I park here?

操作系 sōsakei • controls

ハンドル
handoru
**steering
wheel**

クラクション
kurakushon
horn

ダッシュボード
dasshubōdo
dashboard

ハザードランプ
hazādo rampu
hazard lights

カーナビ
kānabi
satellite navigation

左ハンドル hidari handoru | **left-hand drive**

水温計
suionkei
temperature gauge

タコメーター
takomētā
tachometer

速度計
sokudokei
speedometer

燃料計
nenryōkei
fuel gauge

カーオーディオ
kā ōdio
car stereo

ライトスイッチ
raito suitchi
light switch

ヒーター調節
hītā chōsetsu
heater controls

オドメーター
odomētā
odometer

変速レバー
hensoku rebā
gearshift

エアバッグ
eabaggu
air bag

右ハンドル migi handoru | **right-hand drive**

自動車 3 jidōsha • car 3

機械構造 kikaikōzō • mechanics

フロントガラス洗浄液タンク
furonto-garasu senjōeki tanku
washer fluid reservoir

オイルゲージ
oiru gēji
dipstick

エアフィルター
ea firutā
air filter

ブレーキフルードタンク
burēki furūdo tanku
brake fluid reservoir

バッテリー
batterī
battery

車体
shatai
bodywork

冷却液タンク
reikyakueki tanku
coolant reservoir

シリンダーヘッド
shirindā heddo
cylinder head

管
kan
pipe

サンルーフ
sanrūfu
sunroof

ラジエーター
rajiētā
radiator

ファン
fan
fan

エンジン
enjin
engine

ホイールキャップ
hoīru kyappu
hubcap

ギアボックス
gia bokkusu
gearbox

変速機
hensoku-ki
transmission

駆動軸
kudōjiku
driveshaft

パンク panku • flat tire

スペアタイヤ
supea taiya
spare tire

レンチ
renchi
tire iron

ホイールナット
hoīru natto
wheel nuts

ジャッキ
jakki
jack

タイヤを交換する
taiya o kōkan suru
change a tire (v)

屋根
yane
roof

サスペンション
sasupenshon
suspension

マフラー
mafurā
muffler

排気管
haiki-kan
exhaust pipe

関連用語 kanrenyōgo • vocabulary

自動車事故
jidōsha jiko
car accident

燃料タンク
nenryō tanku
gas tank

故障
koshō
breakdown

タイミング
taimingu
timing

保険
hoken
insurance

ターボチャージャー
tābochājā
turbocharger

牽引車
ken'insha
towtruck

配電器
haidenki
distributor

修理工
shūriko
mechanic

シャシー
shashī
chassis

タイヤ空気圧
taiya kūkiatsu
tire pressure

ハンドブレーキ
handoburēki
parking brake

ヒューズボックス
hyūzu bokkusu
fuse box

オルタネータ
orutanēta
alternator

スパークプラグ
supāku puragu
sparkplug

カムベルト
kamu beruto
cam belt

ファンベルト
fam beruto
fan belt

車が故障しました。
kuruma ga koshō shimashita.
My car has broken down.

車がスタートしません。
kuruma ga sutāto shimasen.
My car won't start.

修理はできますか。
shūri wa dekimasuka?
Do you do repairs?

エンジンがオーバーヒートしています。
enjin ga ōbāhīto shite imasu.
The engine is overheating.

オートバイ ōtobai • motorcycle

ヘルメット
herumetto
helmet

方向指示器
hōkō shijiki
turn signal

速度計
sokudokei
speedometer

ブレーキ
burēki
brake

クラクション
kurakushon
horn

クラッチ
kuratchi
clutch

スロットル
surottoru
throttle

操作系
sōsakei
controls

キャリア
kyaria
carrier

リフレクター
rifurekutā
reflector

後部座席
kōbu zaseki
pillion

シート
shīto
seat

エンジン
enjin
engine

燃料タンク
nenryō tanku
fuel tank

テールランプ
tēru rampu
taillight

排気管
haiki kan
exhaust pipe

マフラー
mafurā
muffler

オイルタンク
oiru tanku
oil tank

ギアボックス
gia bokkusu
gearbox

エアフィルター
ea firutā
air filter

バイザー
baizā
visor

反射材
hanshazai
reflector strap

革ジャン
kawajan
leathers

膝当て
hiza'ate
knee pad

バイクウエア baiku uea | clothing

ヘッドライト
heddo raito
headlight

サスペンション
sasupenshon
suspension

泥除け
doroyoke
mudguard

ブレーキペダル
burēki pedaru
brake pedal

アクスル
akusuru
axle

タイヤ
taiya
tire

種類 shurui • types

レーシングバイク rēshingu baiku | racing bike

ウインドシールド
uindo-shīrudo
windshield

ツアラー tsuarā | tourer

ダートバイク dāto baiku | dirt bike

スタンド
sutando
stand

スクーター sukūtā | scooter

自転車 jitensha • **bicycle**

タンデム自転車 tandemu jitensha
tandem

ロードレーサー
rōdo rēsā
racing bike

マウンテンバイク
maunten baiku
mountain bike

ツーリング自転車
tsūringu jitensha
touring bike

ロードバイク
rōdo baiku
road bike

サドル
sadoru
saddle

シートピラー
shīto pirā
seat post

水筒
suitō
water bottle

フレーム
furēmu
frame

ブレーキ
burēki
brake

ハブ
habu
hub

変速機
hensoku-ki
gears

ペダル
pedaru
pedal

リム
rimu
rim

コグ
kogu
cog

タイヤ
taiya
tire

チェーン
chēn
chain

ヘルメット
herumetto
helmet

自転車道 jitensha-dō | **bike lane**

トップチューブ
toppu chūbu
crossbar

ハンドルバー
handorubā
handlebar

シフトレバー
shifuto rebā
gear lever

ブレーキレバー
burēki rebā
brake lever

タイヤレバー
taiya rebā
tire lever

パッチ
patchi
patch

パンク修理セット panku shūri setto
repair kit

フォーク
fōku
fork

鍵
kagi
key

スポーク
supōku
spoke

空気入れ
kūki'ire
pump

ロック
rokku
lock

ホイール
hoīru
wheel

バルブ
barubu
valve

トレッド
toreddo
tread

チューブ
chūbu
inner tube

チャイルドシート
chairudo shīto
child seat

関連用語 kanrenyōgo • vocabulary

ライト raito **headlight**	スタンド sutando **kickstand**	ブレーキパッド burēki paddo **brake block**	籠 kago **basket**	トウクリップ to-u kurippu **toe clip**	ブレーキをかける burēki o kakeru **brake (v)**
テールライト tēru raito **rear light**	自転車ラック jitensha rakku **bike rack**	ケーブル kēburu **cable**	ダイナモ dainamo **dynamo**	トウストラップ to-u sutorappu **toe strap**	自転車に乗る jitensha ni noru **cycle (v)**
リフレクター rifurekutā **reflector**	補助輪 hojorin **training wheels**	スプロケット supuroketto **sprocket**	パンク panku **flat tire**	漕ぐ kogu **pedal (v)**	変速する hensoku suru **change gears (v)**

列車 ressha • train

客車
kyakusha
car

ホーム
hōmu
platform

カート
kāto
cart

ホーム番号
hōmu bangō
platform number

通勤者
tsūkinsha
commuter

駅 eki | train station

列車の種類 ressha no shurui • types of train

エンジン
enjin
engine

運転室
unten shitsu
engineer's cab

レール
rēru
rail

蒸気機関車
jōki kikansha
steam train

ディーゼル機関車 dīzeru kikansha | diesel train

電車
densha
electric train

高速列車
kōsoku ressha
high-speed train

モノレール
monorēru
monorail

地下鉄
chikatetsu
subway

路面電車
romen densha
tram

貨物列車
kamotsu ressha
freight train

網棚
amidana
luggage rack

車窓
shasō
window

線路
senro
track

扉
tobira
door

座席
zaseki
seat

客室
kyakushitsu
compartment

改札口 kaisatsu-guchi | ticket gate

拡声装置
kakusei sōchi
public address system

時刻表
jikokuhyō
schedule

切符
kippu
ticket

食堂車 shokudō sha | dining car

コンコース konkōsu | concourse

寝台個室
shindai koshitsu
sleeping compartment

関連用語 kanrenyōgo • vocabulary

鉄道網
tetsudō-mō
rail network

インターシティ列車
intāshiti ressha
express train

新幹線
shinkansen
bullet train

地下鉄路線図
chikatetsu rosenzu
subway map

遅れ
okure
delay

料金
ryōkin
fare

切符売場
kippu uriba
ticket office

検札員
kensatsuin
ticket inspector

乗り換える
norikaeru
change trains (v)

通電レール
tsūden rēru
live rail

信号
shingō
signal

非常レバー
hijō rebā
emergency lever

航空機 kōkūki • aircraft

定期旅客機 teiki-ryokakki • airliner

機首
kishu
nose

操縦室
sōjū shitsu
cockpit

エンジン
enjin
engine

機体
kitai
fuselage

翼
tsubasa
wing

尾翼
biyoku
tail

方向舵
hōkōda
rudder

ドア
doa
exit

前輪
zenrin
nosewheel

着陸装置
chakuriku sōchi
landing gear

補助翼
hojoyoku
aileron

垂直安定板
suichoku-anteiban
fin

水平尾翼
suihei-biyoku
tailplane

キャビン kyabin • cabin

非常口
hijō guchi
emergency exit

乗務員
jōmuin
flight attendant

荷物入れ
nimotsuire
overhead bin

換気口
kankikō
air vent

窓
mado
window

読書灯
dokusho-tō
reading light

座席
zaseki
seat

列
retsu
row

テーブル
tēburu
tray-table

肘掛け
hijikake
armrest

通路
tsūro
aisle

背もたれ
semotare
seat back

マイクロライト
maikuroraito
ultralight

グライダー
guraidā
glider

複葉機
fukuyōki
biplane

プロペラ
puropera
propeller

熱気球
netsukikyū
hot-air balloon

軽飛行機
kcihikōki
light aircraft

水上飛行機
suijo hikōki
sea plane

ミサイル
misairu
missile

自家用ジェット機
jikayō jettoki
private jet

戦闘機
sentōki
fighter plane

ローターブレード
rōtā burēdo
rotor blade

ヘリコプター
herikoputā
helicopter

爆撃機
bakugekiki
bomber

関連用語 kanrenyōgo • vocabulary

パイロット pairotto **pilot**	離陸する ririku suru **take off (v)**	着陸する chakuriku suru **land (v)**	エコノミークラス ekonomī kurasu **economy class**	手荷物 tenimotsu **carry-on luggage**
副操縦士 fukusōjūshi **co-pilot**	飛ぶ tobu **fly (v)**	高度 kōdo **altitude**	ビジネスクラス bijinesu kurasu **business class**	シートベルト shīto beruto **seat belt**

空港 kūkō • airport

エプロン
epuron
apron

牽引車
ken'insha
baggage trailer

ターミナル
tāminaru
terminal

作業車
sagyō-sha
service vehicle

通路
tsūro
walkway

定期旅客機 teiki ryokakki | airliner

関連用語 kanrenyōgo • vocabulary

滑走路 kassōro **runway**	便名 binmei **flight number**	カルーセル karūseru **carousel**	休暇 kyūka **vacation**
国際便 kokusai bin **international flight**	出入国管理 shutsunyūkoku kanri **immigration**	警備 keibi **security**	チェックインする chekkuin suru **check in (v)**
国内便 kokunai bin **domestic flight**	税関 zeikan **customs**	レントゲン検査装置 rentogen kensa sōchi **X-ray machine**	管制塔 kanseitō **control tower**
乗り継ぎ noritsugi **connection**	超過荷物 chōka nimotsu **excess baggage**	旅行パンフレット ryokō panfuretto **travel brochure**	飛行機を予約する hikōki o yoyaku suru **make a flight reservation (v)**

ビザ
biza
visa

旅券 ryoken | **passport**

手荷物
tenimotsu
carry-on luggage

搭乗券
tōjōken
boarding pass

荷物
nimotsu
luggage

カート
kāto
cart

チェクインデスク
chekuin desuku
check-in desk

入国審査
nyūkoku shinsa
passport control

航空券
kōkūken
ticket

ゲート番号
gēto bangō
gate number

目的地
mokutekichi
destination

到着便
tōchaku bin
arrivals

出発便
shuppatsu bin
departures

出発ロビー
shuppatsu robī
departure lounge

案内板
annai-ban
information screen

免税店
menzeiten
duty-free shop

荷物引き渡し
nimotsu hikiwatashi
baggage claim

タクシー乗り場
takushī noriba
taxi stand

レンタカー
rentakā
car rental

船 fune • ship

レーダー
rēdā
radar

無線用アンテナ
musen-yō antena
radio antenna

甲板
kampan
deck

煙突
entotsu
funnel

船尾甲板
senbikampan
quarterdeck

船首
senshu
prow

喫水線
kissuisen
load line

舷窓
gensō
porthole

船体
sentai
hull

救命艇
kyūmeitei
lifeboat

キール
kīru
keel

プロペラ
puropera
propeller

海洋定期船 kaiyō teikisen | ocean liner

船橋
senkyō
bridge

機関室
kikan shitsu
engine room

船室
senshitsu
cabin

調理室
chōri shitsu
galley

関連用語 kanrenyōgo • vocabulary

ドック
dokku
dock

港湾
kōwan
port

舷門
genmon
gangway

錨
ikari
anchor

係船柱
keisenchū
bollard

ウィンドラス
windorasu
windlass

船長
senchō
captain

高速モーターボート
kōsoku mōtābōto
speedboat

ボート
bōto
rowboat

カヌー
kanū
canoe

その他の船舶 sonota no sempaku • other ships

フェリー
ferī
ferry

船外機
sengaiki
outboard motor

ゴムボート
gomubōto
inflatable dinghy

水中翼船
suichūyoku-sen
hydrofoil

ヨット
yotto
yacht

カタマラン
katamaran
catamaran

曳航船
eikō-sen
tugboat

ホバークラフト
hobākurafuto
hovercraft

コンテナ船
kontena-sen
container ship

索具
sakugu
rigging

帆船
hansen
sailboat

船倉
sensō
hold

貨物船
kamotsu-sen
freighter

石油タンカー
sekiyu tankā
oil tanker

航空母艦
kōkū bokan
aircraft carrier

戦艦
senkan
battleship

展望塔
tembōtō
conning tower

潜水艦
sensuikan
submarine

港湾 kōwan • port

倉庫
sōko
warehouse

クレーン
kurēn
crane

フォークリフト
fōkurifuto
forklift truck

出入道路
shutsunyū dōro
access road

税関
zeikan
customs house

ドック
dokku
dock

コンテナ
kontena
container

波止場
hatoba
quay

貨物
kamotsu
cargo

フェリー乗り場
ferī noriba
ferry terminal

フェリー
ferī
ferry

切符売場
kippu uriba
ticket office

船客
senkyaku
passenger

コンテナ港 kontena-kō | container port

船客港 senkyaku-kō | passenger port

網
ami
net

漁船
gyosen
fishing boat

係留索具
keiryū sakugu
mooring

マリーナ marīna | marina

漁港 gyokō | fishing port

港 minato | harbor

桟橋 sambashi | pier

防波堤
bōhatei
jetty

造船所
zōsen jo
shipyard

ランプ
rampu
lamp

灯台
tōdai
lighthouse

ブイ
bui
buoy

関連用語 kanrenyōgo • vocabulary

沿岸警備隊
engan keibitai
coastguard

港長
kōchō
harbor master

錨を下ろす
ikari o orosu
drop anchor (v)

乾ドック
kandokku
dry dock

係留する
keiryū suru
moor (v)

波止場につける
hatoba ni tsukeru
dock (v)

乗船する
jōsen suru
board (v)

下船する
gesen suru
disembark (v)

出港する
shukkō suru
set sail (v)

スポーツ supōtsu
sports

アメリカンフットボール amerikan futtobōru
• football

ゴールポスト
gōruposuto
goalpost

サイドライン
saidorain
sideline

ラインジャッジ
rain jajji
line judge

ゴールライン
gōru rain
goal line

フットボール競技場
futtobōru kyōgijō
football field

エンドゾーン
endo zōn
end zone

（フットボール用）ボール
(futtobōru-yō) bōru
football

パッド
paddo
pads

ヘルメット
herumetto
helmet

アメフトシューズ
amefuto shūzu
shoe

フットボール選手
futtobōru senshu
football player

タックルする
takkuru suru
tackle (v)

パスする
pasu suru
pass (v)

捕球する
hokyū suru
catch (v)

関連用語 kanrenyōgo • **vocabulary**

タイムアウト taimu auto **time out**	**チーム** chīmu **team**	**防御** bōgyo **defense**	**チアリーダー** chiarīdā **cheerleader**	**得点は何点ですか。** tokuten wa nanten desuka? **What is the score?**
ファンブル famburu **fumble**	**攻撃** kōgeki **attack**	**得点** tokuten **score**	**タッチダウン** tatchidaun **touchdown**	**どちらが勝っていますか。** dochira ga katte imasuka? **Who is winning?**

ラグビー ragubī • rugby

ゴール
gōru
goal

インゴール
in-gōru
in-goal area

タッチライン
tatchi rain
touch line

フラッグポスト
furaggu posuto
flag

デッドボールライン
deddobōru rain
dead ball line

ラグビー場 ragubī-jō | rugby field

ラグビーボール
ragubī bōru
ball

ラグビー着
ragubī-gi
rugby uniform

投げる
nageru
throw (v)

蹴る
keru
kick (v)

パスする
pasu suru
pass (v)

タックルする
takkuru suru
tackle (v)

トライ
torai
try

ラグビー選手
ragubī senshu
player

ラック rakku | ruck

スクラム sukuramu | scrum

サッカー sakkā • soccer

サッカーボール
sakkā bōru
football

フォワード
fowādo
forward

審判
shimpan
referee

センターサークル
sentā sākuru
center circle

ゴールキーパー
gōrukīpā
goalkeeper

サッカー 着
sakkā-gi
soccer uniform

サッカー選手
sakkā senshu
soccer player

サッカー場
sakkā-jō
football field

ゴールポスト
gōruposuto
goalpost

ネット
netto
net

クロスバー
kurosubā
crossbar

ドリブルする doriburu suru
dribble (v)

ヘディングする
hedingu suru
head (v)

壁
kabe
wall

ゴール gōru | **goal**

フリーキック furī kikku | **free kick**

ペナルティエリア
penaruti eria
penalty area

ゴールライン
gōru rain
goal line

ゴールエリア
gōru eria
goal area

ゴール
gōru
goal

バック
bakku
defender

副審
fukushin
linesman

コーナーフラッグ
kōnā furaggu
corner flag

スローイン surō-in
throw-in

蹴る keru | **kick (v)**

サッカーシューズ
sakkā shūzu
shoe

送球する
sōkyū suru
pass (v)

シュートする
shūto suru
shoot (v)

セーブする
sēbu suru
save (v)

タックルする
takkuru suru
tackle (v)

関連用語 kanrenyōgo • vocabulary

競技場 kyōgijō **stadium**	ファウル fauru **foul**	イエローカード ierō kādo **yellow card**	連盟 renmei **league**	延長時間 enchō jikan **extra time**
1点あげる itten ageru **score a goal (v)**	コーナーキック kōnā kikku **corner**	オフサイド ofu-saido **off-side**	引分け hikiwake **draw**	補欠選手 hoketsusenshu **substitute**
ペナルティー penarutī **penalty**	レッドカード reddo kādo **red card**	退場する taijō suru **send off (v)**	ハーフタイム hāfu taimu **half time**	代理 dairi **substitution**

ホッケー hokkē • hockey

アイスホッケー aisu hokkē • ice hockey

ゴールライン
gōru rain
goal line

アタッキングゾーン
atakkingu zōn
attack zone

ニュートラルゾーン
nyūtoraru zōn
neutral zone

ディフェンディングゾーン
difendingu zōn
defending zone

ゴールキーパー
gōrukīpā
goalkeeper

ゴール
gōru
goal

フェースオフサークル
fēsu-ofu sākuru
face-off circle

センターサークル
sentā sākuru
center circle

グローブ
gurōbu
glove

ショルダーパッド
shorudā paddo
pad

アイスホッケー用リンク
aisuhokkē-yō rinku
ice hockey rink

スティック
sutikku
stick

スケート
sukēto
ice-skate

パック
pakku
puck

アイスホッケー選手 aisuhokkē senshu
ice hockey player

フィールドホッケー firudo hokkē • field hockey

ホッケー用スティック
hokkē-yō sutikku
hockey stick

ボール
bōru
ball

スケートで滑る
sukēto de suberu
skate (v)

打つ
utsu
hit (v)

クリケット kuriketto • cricket

ウィケット
wiketto
wicket

ピッチ
pitchi
pitch

バッツマン
battsuman
batsman

フェースマスク
fēsu masuku
face mask

クリース
kurīsu
crease

バウンダリー
baundarī
boundary line

ボウラー
bo'urā
bowler

スタンプ
sutampu
stump

レッグパッド
reggu paddo
leg pad

バット
batto
bat

投球する
tōkyū suru
bowl (v)

打つ
utsu
bat (v)

クリケットボール
kuriketto bōru
cricket ball

クリケット選手
kuriketto senshu
cricketer

守備する
shubi suru
field (v)

ウィケットキーパー
wiketto-kīpā
wicket-keeper

関連用語 kanrenyōgo • **vocabulary**		
アウト	スコアボード	アンパイア
auto	sukoabōdo	ampaia
out	**scoreboard**	**umpire**

バスケットボール basukettobōru • basketball

サイドライン
saidorain
sideline

審判
shimpan
referee

センターサークル
sentā sākuru
center circle

フリースローライン
furīsurō rain
free-throw line

エンドライン
endorain
endline

コート kōto | court

センターライン
sentārain
centerline

ゼッケン
zekken
number

バックボード
bakkubōdo
backboard

スリーポイントライン
surī-pointo rain
three-point line

ボール
bōru
ball

ゴールリング
gōru ringu
hoop

ゴールネット
gōru netto
net

バスケット
basuketto
basket

バスケットボール選手
basukettobōru senshu | basketball player

関連用語 kanrenyōgo • vocabulary

パス pasu pass	スローイン surō-in throw-in
ファウル fauru foul	ジャンプボール jampu bōru jump ball
リバウンド ribaundo rebound	アウトオブバウンズ auto obu baunzu out of bounds

動作 dōsa • actions

投げる
nageru
throw (v)

受ける
ukeru
catch (v)

シュートする
shūto suru
shoot (v)

ジャンプする
jampu suru
jump (v)

マークする
māku suru
mark (v)

ブロックする
burokku suru
block (v)

バウンドする
baundo suru
dribble (v)

ダンクシュートする
dankushūto suru
dunk (v)

バレーボール barēbōru • volleyball

ブロックする
burokku suru
block (v)

ネット
netto
net

レシーブする
reshību suru
dig (v)

審判
shimpan
referee

サポーター
sapōtā
knee support

コート kōto | court

野球 yakyū • baseball

球場 kyūjō • field

左翼
sayoku
left field

内野
naiya
infield

センター
sentā
center field

バット
batto
bat

ヘルメット
herumetto
helmet

三塁手
sanruishu
baseman

ピッチャーマウンド
pitchā maundo
pitcher's mound

ホームベース
hōmu bēsu
home plate

バッター battā | **batter**

関連用語 kanrenyōgo • vocabulary

イニング	セーフ	ファウルボール
iningu	sēfu	fauru bōru
inning	**safe**	**foul ball**
ラン	アウト	ストライク
ran	auto	sutoraiku
run	**out**	**strike**

ボール
bōru
ball

ミット mitto
mitt

マスク masuku
mask

動作 dōsa • actions

外野
gaiya
outfield

右翼
uyoku
right field

ファウルライン
fauru rain
foul line

チーム
chīmu
team

ダグアウト
dagu-auto
dugout

キャッチャー kyatchā
catcher

ピッチャー pitchā
pitcher

投げる nageru | **throw (v)**

捕球する hokyū suru
catch (v)

走る
hashiru
run (v)

フィールディングする
firudingu suru | **field (v)**

スライディングする
suraidingu suru
slide (v)

タッチアウトする
tatchiauto suru
tag (v)

投球する
tōkyū suru
pitch (v)

打つ
utsu
bat (v)

審判
shimpan
umpire

野球をする yakyū o suru | **play (v)**

テニス tenisu • tennis

グリップ
gurippu
handle

フェイス
feisu
head

ガット
gatto
string

審判
shimpan
umpire

ベースライン
bēsurain
baseline

ラケット
raketto
racket

サーブライン
sābu rain
service line

サイドライン
saidorain
sideline

ボール
bōru
ball

リストバンド
risutobando
wristband

テニスコート tenisu kōto | tennis court

関連用語 kanrenyōgo • vocabulary

シングルス shingurusu **singles**	**セット** setto **set**	**デュース** dyūsu **deuce**	**フォルト** foruto **fault**	**スライス** suraisu **slice**	**スピン** supin **spin**
ダブルス daburusu **doubles**	**マッチ** matchi **match**	**アドバンテージ** adobantēji **advantage**	**エース** ēsu **ace**	**ラリー** rarī **rally**	**線審** senshin **linesman**
ゲーム gēmu **game**	**タイブレーク** taiburēku **tiebreaker**	**ラブ** rabu **love**	**ドロップショット** doroppu shotto **dropshot**	**レット** retto! **let!**	**選手権** senshuken **championship**

ストローク sutorōku • strokes

ネット
netto
net

ボールボーイ
bōrubōi
ball boy

サーブ する
sābu suru
serve (v)

スマッシュ
sumasshu
smash

テニス靴
tenisu-gutsu
tennis shoes

テニス選手
tenisu senshu
player

サーブ
sābu
serve

ボレー
borē
volley

リターン
ritān
return

ロブ
robu
lob

フォアハンド
foahando
forehand

バックハンド
bakkuhando
backhand

ラケットスポーツ raketto supōtsu • racquet games

シャトル
shatoru
shuttlecock

ラケット
raketto
paddle

バドミントン
badominton
badminton

卓球
takkyū
table tennis

スカッシュ
sukasshu
squash

ラケットボール
rakettobōru
racquetball

ゴルフ gorufu • golf

グリーン
gurīn
green

バンカー
bankā
bunker

フラッグ
furaggu
flag

ティーグラウンド
tī guraundo
teeing ground

ホール
hōru
hole

スイングする
suingu suru
swing (v)

フェアウェイ
feawei
fairway

ラフ
rafu
rough

ウォーターハザード
wōtā hazādo
water hazard

ゴルフコース
gorufu kōsu
golf course

ゴルフカート
gorufu kāto
golf cart

スタンス
sutansu
stance

ゴルファー gorufā | **golfer**

クラブハウス kurabuhausu | **clubhouse**

用具 yōgu • equipment

ゴルフボール
gorufu bōru
golf ball

ティー
tī
tee

グローブ
gurōbu
glove

ゴルフバッグ
gorufu baggu
golf bag

スパイク
supaiku
spikes

手押しカート
teoshi kāto
cart

ゴルフシューズ
gorufu shūzu
golf shoe

ゴルフクラブ
gorufu kurabu
• **golf clubs**

ウッド
uddo
wood

パター
patā
putter

アイアン
aian
iron

ウェッジ
wejji
wedge

動作 dōsa • actions

ティーショットを打ち出す
tīshotto o uchidasu
tee-off (v)

ドライバーショットを打つ
doraibāshotto o utsu
drive (v)

パットを打つ
patto o utsu
putt (v)

チップショットを打つ
chippushotto o utsu
chip (v)

関連用語 kanrenyōgo • vocabulary

パー pā **par**	オーバーパー ōbā pā **over par**	ハンディキャップ handikyappu **handicap**	キャディ kyadi **caddy**	バックスイング bakkusuingu **backswing**	ストローク sutorōku **stroke**
アンダーパー andā pā **under par**	ホールインワン hōru in wan **hole in one**	トーナメント tōnamento **tournament**	観衆 kanshū **spectators**	素振り suburi **practice swing**	プレーの線 purē no sen **line of play**

陸上競技 rikujō kyōgi • **track and field**

レーン
rēn
lane

トラック
torakku
track

ゴール
gōru
finish line

スタートライン
sutāto rain
starting line

グランド
gurando
field

陸上競技者
rikujō
kyōgi-sha
athlete

短距離走者
tankyori sōsha
sprinter

スターティングブロック
sutātingu burokku
starting blocks

円盤投げ
emban-nage
discus

砲丸投げ
hōgannage
shotput

槍投げ
yarinage
javelin

関連用語 kanrenyōgo • **vocabulary**

競争 kyōsō **race**	記録 kiroku **record**	写真判定 shashin hantei **photo finish**	棒高跳び bōtakatobi **pole vault**
時間 jikan **time**	記録を破る kiroku o yaburu **break a record (v)**	マラソン marason **marathon**	自己最高記録 jiko saikō kiroku **personal best**

ストップウォッチ
sutoppuwotchi
stopwatch

バトン
baton
baton

バー
bā
crossbar

リレー競争
rirē kyōsō
relay race

走り高跳び
hashiritakatobi
high jump

走り幅跳び
hashirihabatobi
long jump

ハードル走
hādorusō
hurdles

体操競技 taisō kyōgi • gymnastics

跳躍板
chōyaku-ban
springboard

体操選手
taisō senshu
gymnast

跳馬
chōba
horse

宙返り
chūgaeri
somersault

平均台 heikindai | beam

リボン
ribon
ribbon

マット
matto
mat

跳馬 (項目)
chōba (kōmoku)
vault

床運動
yuka undō
floor exercises

側転
sokuten
tumble

新体操
shintaishō
rhythmic gymnastics

関連用語 kanrenyōgo • vocabulary

鉄棒 tetsubō horizontal bar	鞍馬 amba pommel horse	吊り輪 tsuriwa rings	メダル medaru medals	銀 gin silver
平行棒 heikōbō parallel bars	段違い平行棒 danchigai heikōbō asymmetric bars	表彰台 hyōshō dai podium	金 kin gold	銅 dō bronze

格闘技 kakutōgi • combat sports

相手
aite
opponent

ミット
mitto
glove

ヘッドガード
heddogādo
guard

帯
obi
belt

テコンドー tekondō | **tae kwon do**

空手 karate | **karate**

柔道 jūdō | **judo**

面
men
mask

竹刀
shinai
sword

合気道 aikidō | **aikido**

剣道 kendō | **kendo**

カンフー kanfū
kung fu

キックボクシング
kikkubokushingu
kickboxing

レスリング resuringu | **wrestling**

ボクシング bokushingu | **boxing**

技 waza • **actions**

袈裟固 kesagatame | **fall**

襟掴み erizukami | **hold**

投げ nage | **throw**

抑え osae | **pin**

蹴り keri | **kick**

突き tsuki | **punch**

払い harai | **strike**

飛び蹴り tobi-geri | **jump**

受け uke | **block**

手刀打ち shutō uchi | **chop**

関連用語 kanrenyōgo • **vocabulary**

リング ringu **boxing ring**	ラウンド raundo **round**	拳 kobushi **fist**	黒帯 kuro obi **black belt**	カポエイラ kapoeira **capoeira**
グローブ gurōbu **boxing gloves**	試合 shiai **bout**	ノックアウト nokku auto **knockout**	護身 goshin **self-defense**	相撲 sumō **sumo wrestling**
マウスピース mausu pīsu **mouth guard**	練習試合 renshū-jiai **sparring**	パンチバッグ panchi baggu **punching bag**	武道 budō **martial arts**	太極拳 taikyokuken **tai chi**

水泳 suiei • swimming
水泳用品 suiei yōhin • equipment

アームバンド
āmubando
armband

ゴーグル gōguru | **goggles**

鼻栓
hana sen
nose clip

スイムボード
suimubōdo | **kickboard**

水着 mizugi | **swimsuit**

レーン
rēn
lane

水
mizu
water

スタート台
sutāto dai
starting block

水泳帽
suiei-bō
cap

海水パンツ
kaisui pantsu
trunks

プール pūru | **swimming pool**

水泳選手 suiei senshu | **swimmer**

飛び板
tobi-ita
springboard

飛び込み選手
tobikomi senshu
diver

飛び込む tobikomu | **dive (v)**

泳ぐ oyogu | **swim (v)**

回転 kaiten | **turn**

泳法 eihō • styles

クロール kurōru | front crawl

平泳ぎ hiraoyogi | breaststroke

かき
kaki
stroke

背泳ぎ seoyogi | backstroke

蹴り
keri
kick

バタフライ batafurai | butterfly

スキューバダイビング sukyūba daibingu • scuba diving

タンク
tanku
air cylinder

マスク
masuku
mask

レギュレーター
regyurētā
regulator

スノーケル
sunōkeru
snorkel

ウェットスーツ
wettosūtsu
wetsuit

フリッパー
furippā
flipper

ウェイトベルト
weito beruto
weight belt

関連用語 kanrenyōgo • vocabulary

飛び込み tobikomi **dive**	立ち泳ぎする tachioyogi suru **tread water (v)**	ロッカー rokkā **lockers**	水球 suikyū **water polo**	浅瀬 asase **shallow end**	こむら返り komuragaeri **cramp**
高飛び込み takatobikomi **high dive**	飛び込みスタート tobikomi sutāto **racing dive**	救助員 kyūjo-in **lifeguard**	深み fukami **deep end**	シンクロナイズドスイミング shinkuronaizudo suimingu **synchronized swimming**	溺れる oboreru **drown (v)**

セーリング sēringu • sailing

コンパス
kompasu
compass

錨
ikari
anchor

ヘッドセール
heddosēru
headsail

クリート
kurīto
cleat

サイドデッキ
saido dekki
sidedeck

船首
senshu
bow

舵棒
kaji bō
tiller

船体
sentai
hull

マスト
masuto
mast

リギン
rigin
rigging

主帆
shuhan
mainsail

ブーム
būmu
boom

船尾
sembi
stern

航行する kōkō suru | **navigate (v)**

ヨット yotto | **yacht**

安全用具 anzen yōgu • safety

照明弾
shōmeidan
flare

救命ブイ
kyūmei bui
life preserver

救命胴衣
kyūmei dōi
life jacket

救命ボート
kyūmei bōto
life raft

水上スポーツ suijō supōtsu • watersports

漕ぎ手
kogite
rower

オール
ōru
oar

カヤック
kayakku
kayak

パドル
padoru
paddle

漕ぐ kogu | **row (v)**

カヌー
kanū
canoeing

セール
sēru
sail

サーフボード
sāfubōdo
surfboard

水上スキー板
suijōsukī ita
ski

ウインドサーファー
uindosāfā
windsurfer

ボード
bōdo
board

フットストラップ
futtosutorappu
footstrap

サーフィン
sāfin
surfing

水上スキー
suijōsukī
waterskiing

高速ボート
kōsoku bōto
speedboating

ウインドサーフィン uindosāfin
windsurfing

ラフティング
rafutingu
rafting

ジェットスキー
jettosukī
jet-skiing

関連用語 kanrenyōgo • vocabulary

水上スキーヤー suijōsukīyā **waterskier**	乗組員 norikumi'in **crew**	風 kaze **wind**	寄せ波 yosenami **surf**	シート shīto **sheet**	センターボード sentābōdo **centerboard**
サーファー sāfā **surfer**	タッキングする takkingu suru **tack (v)**	波 nami **wave**	急流 kyūryū **rapids**	舵 kaji **rudder**	転覆する tempuku suru **capsize (v)**

乗馬 jōba • horseback riding

ヘルメット
herumetto
riding hat

鬣
tategami
mane

騎手
kishu
rider

手綱
tazuna
reins

鞍
kura
saddle

馬
uma
horse

乗馬ズボン
jōba zubon
jodhpurs

尾
o
tail

腹帯
haraobi
girth

乗馬靴
jōba-gutsu
riding boot

鐙
abumi
stirrup

蹄
hizume
hoof

前橋
zenkyō
pommel

額革
hitai-gawa
browband

鼻革
hana-gawa
noseband

銜
hami
bit

騎座
kiza
seat

蹄鉄
teitetsu
horseshoe

横鞍
yokogura
side-saddle

馬勒 baroku | **bridle**

乗馬鞭 jōba muchi | **riding crop**

競技 kyōgi • events

競走馬
kyōsōba
racehorse

障害物
shōgaibutsu
fence

競馬
keiba
horse race

障害競走
shōgai kyōsō
steeplechase

繋駕競走
keiga kyōsō
harness race

ロデオ
rodeo
rodeo

障害飛越
shōgai hietsu
showjumping

馬車レース
basha rēsu
carriage race

トレッキング torekkingu | **trail-riding**　馬場馬術 baba bajutsu | **dressage**　ポロ poro | **polo**

関連用語 kanrenyōgo • vocabulary

常歩 namiashi **walk**	駆歩 kakeashi **canter**	ジャンプ jampu **jump**	端綱 hazuna **halter**	パドック padokku **paddock**	平地競走 heichi kyōsō **flat race**
速歩 haya'ashi **trot**	襲歩 shūho **gallop**	馬手 umate **groom**	馬屋 umaya **stable**	アリーナ arīna **arena**	競馬場 keibajō **racecourse**

釣り tsuri • **fishing**

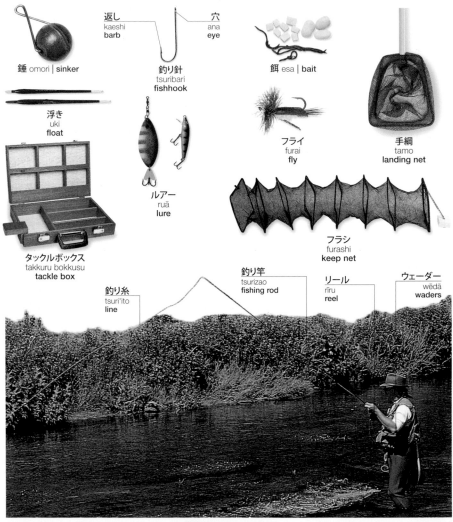

錘 omori | sinker

返し
kaeshi
barb

穴
ana
eye

釣り針
tsuribari
fishhook

餌 esa | bait

浮き
uki
float

ルアー
ruā
lure

フライ
furai
fly

手綱
tamo
landing net

タックルボックス
takkuru bokkusu
tackle box

フラシ
furashi
keep net

釣り糸
tsuri'ito
line

釣り竿
tsurizao
fishing rod

リール
rīru
reel

ウェーダー
wēdā
waders

釣り人 tsuribito | angler

釣りの種類 tsuri no shurui • types of fishing

淡水釣り
tansui-zuri
freshwater fishing

フライフィッシング
furai fisshingu
fly fishing

スポーツフィッシング
supōtsu fisshingu
sport fishing

深海釣り
shinkai-zuri
deep sea fishing

磯釣り
isozuri
surfcasting

動作 dōsa • activities

投げる
nageru
cast (v)

釣る
tsuru
catch (v)

引き寄せる
hikiyoseru
reel in (v)

網打ちする
amiuchi suru
net (v)

放す
hanasu
release (v)

関連用語 kanrenyōgo • vocabulary

誘き寄せる obikiyoseru **bait (v)**	**タックル** takkuru **tackle**	**雨具** amagu **rain gear**	**釣り許可証** tsuri kyokashō **fishing permit**	**魚籠** biku **creel**
針にかかる hari ni kakaru **bite (v)**	**スプール** supūru **spool**	**竿** sao **pole**	**海釣り** umizuri **marine fishing**	**ヤス漁** yasu ryō **spearfishing**

スキー sukī • skiing

スキー場
sukī-jō
ski slope

リフト
rifuto
chairlift

ケーブルカー
kēburu kā
cable car

グローブ
gurōbu
glove

ストック
sutokku
ski pole

トップ
toppu
tip

エッジ
ejji
edge

ゲレンデ
gerende
ski run

安全柵
anzen saku
safety barrier

スキー板
sukī ita
ski

スキージャケット
sukī jaketto
ski jacket

スキーヤー
sukīyā
skier

スキー靴
sukī-gutsu
ski boot

競技 kyōgi • events

滑降
kakkō
downhill skiing

旗門
kimon
gate

回転
kaiten
slalom

ジャンプ
jampu
ski jump

クロスカントリー
kurosu-kantorī
cross-country skiing

ウィンタースポーツ wintā supōtsu • winter sports

アイスクライミング
aisu kuraimingu
ice climbing

アイススケート
aisu sukēto
ice-skating

ゴーグル
gōguru
goggles

スケート靴
sukēto-gutsu
skate

フィギュアスケート
figyuasukēto
figure skating

スノーボード
sunōbōdo
snowboarding

ボブスレー
bobusurē
bobsled

リュージュ
ryūju
luge

スノーモービル
sunōmōbiru
snowmobile

そり滑り
sori suberi
sledding

関連用語 kanrenyōgo • vocabulary

アルペンスキー
arupen sukī
alpine skiing

大回転
daikaiten
giant slalom

ゲレンデ外
gerende-gai
off-piste

カーリング
kāringu
curling

犬ぞり滑り
inu-zori suberi
dog-sledding

スピードスケート
supīdo sukēto
speed skating

バイアスロン
baiasuron
biathlon

雪崩
nadare
avalanche

他のスポーツ ta no supōtsu • other sports

グライダー
guraidā
glider

ハンググライダー
hangu guraidā
hang-glider

グライディング
guraidingu
gliding

パラシュート
parashūto
parachute

ハンググライディング
hangu guraidingu
hang-gliding

ロープ
rōpu
rope

ロッククライミング
rokku kuraimingu
rock-climbing

パラシュート降下
parashūto kōka
parachuting

パラグライディング
paraguraidingu
paragliding

スカイダイビング
sukaidaibingu
skydiving

アブザイレン
abuzairen
rappelling

バンジージャンプ
banjī jampu
bungee jumping

レーサー
rēsā
race-car driver

ラリー
rarī
rally driving

自動車レース
jidōsha rēsu
motor racing

モトクロス
motokurosu
motocross

オートバイレース
ōtobai rēsu
motorcycle racing

スケートボード
sukētobōdo
skateboard

スティック
sutikku
stick

マスク
masuku
mask

フルーレ
furūre
foil

スケートボード乗り
sukētobōdo-nori
skateboarding

インラインスケート
inrain sukēto
inline skating

ラクロス
rakurosu
lacrosse

フェンシング
fenshingu
fencing

ピン
pin
pin

弓
yumi
bow

的
mato
target

矢
ya
arrow

矢筒
yazutsu
quiver

洋弓
yōkyū
archery

ターゲット射撃
tāgetto shageki
target shooting

ボール
bōru
bowling ball

ボウリング
bo'uringu
bowling

プール
pūru
pool

スヌーカー
sunūkā
snooker

フィットネス fittonesu • fitness

エアロバイク
earobaiku
exercise bike

フィットネス器具
fittonesu kigu
gym machine

ベンチ
benchi
bench

フリーウェイト
furī weito
free weights

バー
bā
bar

スポーツジム
supōtsu jimu
gym

ローイングマシーン
rōingu mashīn
rowing machine

トレッドミル
toreddomiru
treadmill

クロストレーナー
kurosu torēnā
cross-trainer

パーソナルトレーナー
pāsonaru torēnā
personal trainer

ステッパー
suteppā
step machine

プール
pūru
swimming pool

サウナ
sauna
sauna

運動 undō • exercises

ストレッチ
sutoretchi
stretch

ランジ
ranji
lunge

タイツ
taitsu
tights

腕立て伏せ
udetatefuse
push-up

スクワット
sukuwatto
squat

腹筋運動
fukkin undō
sit-up

ダンベル
danberu
dumbbell

アームカール
āmu kāru
biceps curl

レッグプレス
reggu puresu
leg press

スニーカー
sunīkā
athletic shoes

バーベル
bāberu
weight bar

チェストプレス
chesuto puresu
chest press

ウェイトトレーニング
weito torēningu
weight training

ジョギング
jogingu
jogging

ピラティス
piratisu
Pilates

関連用語 kanrenyōgo • vocabulary

トレーニングする torēningu suru **train (v)**	その場でジョギングする sono ba de jogingu suru **jog in place (v)**	伸ばす nobasu **extend (v)**	ボクササイズ bokusasaizu **boxercise**	サーキットトレーニング sākitto torēningu **circuit training**
準備運動をする jumbi undō o suru **warm up (v)**	動かす ugokasu **flex (v)**	懸垂する kensui suru **pull up (v)**	縄跳び nawatobi **rope-jumping**	

娯楽 goraku
leisure

劇場 gekijō • theater

幕
maku
curtain

袖
sode
wings

セット
setto
set

観客
kankyaku
audience

オーケストラ
ōkesutora
orchestra

舞台 butai | stage

座席
zaseki
seat

列
retsu
row

3階席
sangai seki
upper balcony

ボックス席
bokkusu seki
box

バルコニー席
barukonī seki
balcony

2階席
nikai seki
balcony

通路
tsūro
aisle

1階席
ikkai seki
orchestra

座席配置 zaseki haichi
seating

関連用語 kanrenyōgo • vocabulary

配役 haiyaku cast	台本 daihon script	初日 shonichi opening night
俳優 haiyū actor	背景 haikei backdrop	休憩時間 kyūkei jikan intermission
女優 joyū actress	監督 kantoku director	プログラム puroguramu program
劇 geki play	プロデューサー purodyūsā producer	オーケストラピット ōkesutora pitto orchestra pit

音楽会 ongakukai | concert

ミュージカル myūjikaru
musical

衣装
ishō
costume

バレエ barē | ballet

関連用語 kanrenyōgo • vocabulary

案内係
annai-gakari
usher

クラシック音楽
kurashikku ongaku
classical music

楽譜
gakufu
musical score

サウンドトラック
saundotorakku
soundtrack

拍手する
hakushu suru
applaud (v)

アンコール
ankōru
encore

何時に始まりますか。
nanji ni hajimarimasuka?
What time does it start?

今晩のチケットを2枚ください。
konban no chiketto o ni-mai kudasai.
I'd like two tickets for tonight's
performance.

オペラ opera
opera

映画 eiga • cinema

ポップコーン
poppukōn
popcorn

チケット売場
chiketto uriba
box office

ポスター
posutā
poster

ロビー
robī
lobby

映画館
eigakan
movie theater

映写幕
eishamaku
screen

関連用語 kanrenyōgo • vocabulary

コメディ
komedi
comedy

スリラー
surirā
thriller

ホラー映画
horā eiga
horror movie

西部劇
seibugeki
Western

恋愛物語
ren'ai monogatari
romance

SF映画
esu-efu eiga
science fiction movie

冒険
bōken
adventure

アニメ映画
anime eiga
animated film

オーケストラ ōkesutora • orchestra

弦楽器 gengakki • strings

ハープ
hāpu
harp

指揮者
shikisha
conductor

コントラバス
kontorabasu
double bass

バイオリン
baiorin
violin

指揮台
shiki dai
podium

ビオラ
biora
viola

チェロ
chero
cello

楽譜
gakufu
score

ト音記号
to'on kigō
treble clef

音符
ompu
note

五線譜
gosenfu
staff

ヘ音記号
heon kigō
bass clef

ピアノ piano | **piano**

記譜法 kifuhō | **notation**

関連用語 kanrenyōgo • vocabulary

序曲 jokyoku **overture**	ソナタ sonata **sonata**	休止符 kyūshifu **rest**	シャープ shāpu **sharp**	本位記号 hon'i kigō **natural**	音階 onkai **scale**
交響曲 kōkyōkyoku **symphony**	楽器 gakki **instruments**	ピッチ pitchi **pitch**	フラット furatto **flat**	小節 shōsetsu **bar**	指揮棒 shikibō **baton**

木管楽器 mokkan gakki • **woodwind**

ピッコロ
pikkoro
piccolo

フルート
furūto
flute

オーボエ
ōboe
oboe

イングリッシュホルン
ingurisshu horun
cor anglais

クラリネット
kurarinetto
clarinet

バスクラリネット
basu kurarinetto
bass clarinet

ファゴット
fagotto
bassoon

コントラファゴット
kontora fagotto
double bassoon

サクソフォン
sakusofon
saxophone

打楽器 dagakki • **percussion**

ビブラフォン
biburafon
vibraphone

ボンゴ
bongo
bongos

スネアドラム
sunea doramu
snare drum

ケトルドラム
ketorudoramu
kettle drum

銅鑼
dora
gong

シンバル
shimbaru
cymbals

タンバリン
tambarin
tambourine

フットペダル
futto pedaru
foot pedals

トライアングル
toraianguru
triangle

マラカス
marakasu
maracas

金管楽器 kinkan gakki • **brass**

トランペット
torampetto
trumpet

トロンボーン
toronbōn
trombone

フレンチホルン
furenchi horun
French horn

チューバ
chūba
tuba

コンサート konsāto • concert

スピーカー
supīkā
speaker

ファン
fan
fans

リードシンガー
rīdo shingā
lead singer

ギタリスト
gitarisuto
guitarist

マイク
maiku
microphone

ドラマー
doramā
drummer

ロックコンサート rokku konsāto | rock concert

楽器 gakki • instruments

ピックアップ
pikkuappu
pickup

ネック
nekku
neck

フレット
furetto
fret

ペグ
pegu
tuning peg

弦
gen
string

ブリッジ
burijji
bridge

ドラム
doramu
drum

ベースギター
bēsu gitā
bass guitar

キーボード
kībōdo
keyboard

エレキギター
erekigitā
electric guitar

ドラムセット
doramu setto
drum kit

音楽ジャンル ongaku janru • **musical styles**

ジャズ jazu | **jazz**

ブルース burūsu | **blues**

パンク panku | **punk**

フォーク fōku | **folk music**

ポップス poppusu | **pop**

ダンス dansu | **dance**

ラップ rappu | **rap**

ヘビーメタル hebī metaru
heavy metal

クラシック kurasshikku
classical music

関連用語 kanrenyōgo • **vocabulary**

歌	歌詞	メロディー	ビート	レゲエ	カントリー	スポットライト
uta	kashi	merodī	bīto	rege'e	kantorī	supottoraito
song	**lyrics**	**melody**	**beat**	**reggae**	**country**	**spotlight**

観光 kankō • sightseeing

観光ルート
kankō rūto
itinerary

オープントップ
ōpun toppu
open-top

観光バス kankō basu | **tour bus**

観光客
kankō kyaku
tourist

観光名所 kankō meisho | **tourist attraction**

観光ガイド
kankō gaido
tour guide

小像
shōzō
figurine

ガイド付きツアー
gaido-tsuki tsuā
guided tour

土産物
miyagemono
souvenirs

関連用語 kanrenyōgo • vocabulary

開館 kaikan **open**	観光案内書 kankō annaisho **guidebook**	カムコーダー kamukōdā **camcorder**	左 hidari **left**	…は、どこですか。 … wa doko desuka? **Where is…?**
閉館 heikan **closed**	フィルム firumu **film**	カメラ kamera **camera**	右 migi **right**	道に迷ってしまいました。 michi ni mayotte shimaimashita. **I'm lost.**
入場料 nyūjō-ryō **admission charge**	電池 denchi **batteries**	行き方 ikikata **directions**	まっすぐ massugu **straight ahead**	…への行き方を教えてください。 … e no ikikata o oshiete kudasai. **Can you tell me the way to…?**

名所 meisho • **attractions**

絵画
kaiga
painting

展示品
tenji-hin
exhibit

展覧会
tenrankai
exhibition

旧跡
kyūseki
famous ruin

美術館
bijutsukan
art gallery

記念碑
kinenhi
monument

博物館
hakubutsukan
museum

歴史的建造物
rekishi-teki kenzōbutsu
historic building

カジノ
kajino
casino

庭園
teien
gardens

国立公園
kokuritsu kōen
national park

案内 annai • **information**

時間
jikan
times

案内図
annai zu
floor plan

地図
chizu
map

時刻表
jikokuhyō
schedule

観光案内所
kankō annai-jo
tourist information

野外活動 yagai katsudō • outdoor activities

歩道
hodō
footpath

日時計
hidokei
sundial

カフェ
kafe
café

公園 kōen | park

芝生
shibafu
grass

ベンチ
benchi
bench

平面幾何学式庭園
heimen kikagaku-shiki
teien
formal gardens

ジェットコースター
jetto kōsutā
roller coaster

遊園地
yūenchi
fairground

テーマパーク
tēma pāku
theme park

サファリパーク
safari pāku
safari park

動物園
dōbutsuen
zoo

活動 katsudō • **activities**

サイクリング
saikuringu
cycling

ジョギング
jogingu
jogging

スケートボード
sukētobōdo
skateboarding

ローラーブレード
rōrāburēdo
rollerblading

乗馬道
jōba-dō
bridle path

野鳥観察
yachō kansatsu
bird-watching

乗馬
jōba
horseback riding

ハイキング
haikingu
hiking

バスケット
basuketto
hamper

ピクニック
pikunikku
picnic

遊び場 asobiba • **playground**

砂場
sunaba
sandbox

水浴びプール
mizuabi pūru
wading pool

ブランコ
buranko
swing

シーソー shīsō | **seesaw**

滑り台 suberidai | **slide**

ジャングルジム janguru jimu
climbing frame

海辺 umibe • beach

ホテル
hoteru
hotel

ビーチパラソル
bīchi parasoru
beach umbrella

海の家
umi no ie
beach hut

砂
suna
sand

波
nami
wave

海
umi
sea

ビーチバッグ
bīchi baggu
beach bag

ビキニ
bikini
bikini

日光浴をする nikkōyoku o suru | sunbathe (v)

監視塔
kanshitō
lifeguard tower

監視員
kanshi'in
lifeguard

防風フェンス
bōfū fensu
windbreak

遊歩道
yūhodō
boardwalk

デッキチェア
dekki chea
deck chair

サングラス
sangurasu
sunglasses

日除け帽
hiyoke-bō
sun hat

日焼けローション
hiyake rōshon
suntan lotion

日焼け止め
hiyakedome
sunblock

ビーチボール
bīchi bōru
beach ball

浮き輪
ukiwa
inflatable ring

水着
mizugi
swimsuit

シャベル
shaberu
shovel

バケツ
baketsu
pail

砂の城
suna no shiro
sandcastle

ビーチタオル
bīchi taoru
beach towel

貝殻
kaigara
shell

キャンプ kyampu • camping

トイレ
toire
restrooms

ゴミ置場
gomi okiba
waste disposal

シャワー棟
shawā tō
shower block

電源装置
dengen sōchi
electric hookup

フライシート
furaishīto
flysheet

ペグ
pegu
tent peg

ロープ
rōpu
guy rope

キャンピングトレーラー
kyampingu torērā
camper

キャンプ場 kyampujō | campground

関連用語 kanrenyōgo • vocabulary

キャンプする
kyampu suru
camp (v)

管理事務所
kanri jimusho
site manager's office

空きサイトあり
aki saito ari
sites available

空きなし
aki nashi
full

サイト
saito
site

テントを張る
tento o haru
pitch a tent (v)

ポール
pōru
tent pole

キャンプベッド
kyampu beddo
camp bed

ピクニックベンチ
pikunikku benchi
picnic bench

ハンモック
hammokku
hammock

キャンピングカー
kyampingu kā
camper van

トレーラー
torērā
trailer

炭
sumi
charcoal

着火剤
chakka-zai
firelighter

火をつける
hi o tsukeru
light a fire (v)

キャンプファイヤー
kyampufaiyā
campfire

フレーム
furēmu
frame

グランドシート
gurando shīto
groundsheet

リュックサック
ryukkusakku
backpack

魔法瓶
mahōbin
vacuum flask

水筒
suitō
water bottle

テント
tento
tent

虫除け
mushiyoke
insect repellent

懐中電灯
kaichūdentō
flashlight

蚊帳
kaya
mosquito net

保温ウエア
ho'on uea
thermal underwear

ハイキングブーツ
haikingu būtsu
walking boots

雨具
amagu
rain gear

寝袋
nebukuro
sleeping bag

マット
matto
sleeping mat

ガスコンロ
gasu konro
camping stove

バーベキュー
bābekyū
barbecue grill

エアーマットレス eā mattoresu | air mattress

娯楽家電 goraku kaden • home entertainment

DVDディスク
dī-bui-dī disuku
DVD disk

DVDプレーヤー
dī-bui-dī purēyā
DVD player

デジタルラジオ
dejitaru rajio
digital radio

iPod©
ai poddo
iPod©

レコードプレーヤー
rekōdo purēyā
record player

（ラウド）スピーカー
(raudo) supīkā
(loud) speaker

CDプレーヤー
shī-dī purēyā
CD player

ラジオ
rajio
radio

アンプ
ampu
amplifier

ヘッドホン
heddohon
headphones

スタンド
sutando
stand

スピーカースタンド
supīkā sutando
speaker stand

オーディオシステム ōdio
shisutemu | **stereo system**

画面
gamen
screen

アイカップ
aikappu
eyecup

デジタルセットトップボックス
dejitaru setto toppu bokkusu
DTV converter box

カムコーダー
kamukōdā
camcorder

衛星アンテナ
eisei antena
satellite dish

薄型テレビ
usugata terebi
flatscreen TV

コンソール
konsōru
console

早送り
hayaokuri
fast-forward

一時停止
ichijiteishi
pause

録画
rokuga
record

音量
onryō
volume

巻き戻し
makimodoshi
rewind

再生
saisei
play

停止
teishi
stop

コントローラー
kontorōrā
controller

テレビゲーム terebi gēmu | **video game**

リモコン rimokon | **remote control**

関連用語 kanrenyōgo • **vocabulary**

コンパクトディスク kompakuto disuku **CD**	コマーシャル komāsharu **advertisement**	番組 bangumi **program**	ケーブルテレビ kēburu terebi **cable television**	テレビを見る terebi o miru **watch television (v)**
カセットテープ kasetto tēpu **cassette tape**	ディジタル dijitaru **digital**	ステレオ sutereo **stereo**	有料チャンネル yūryō channeru **pay-per-view channel**	テレビを消す terebi o kesu **turn off the television (v)**
カセットプレーヤー kasetto purēyā **cassette player**	ストリーミング sutorīmingu **streaming**	Wi-Fi wai fai **wifi**	チャンネルを替える channeru o kaeru **change channels (v)**	ラジオをつける rajio o tsukeru **tune the radio (v)**
長編映画 chōhen eiga **feature film**	高画質 kougashitsu **high-definition**	フリービューボックス furībyū bokkusu **freeview box**	テレビを点ける terebi o tsukeru **turn on the television (v)**	

写真 shashin • photography

シャッター
shattā
shutter release

露出補正ダイヤル
roshutsu hosei daiyaru
aperture dial

レンズ
renzu
lens

フィルター
firutā
filter

レンズキャップ
renzu kyappu
lens cap

一眼レフカメラ ichigan-refu kamera | SLR camera

フラッシュガン
furasshu gan
flash gun

露出計
roshutsukei
light meter

ズームレンズ
zūmu renzu
zoom lens

三脚
sankyaku
tripod

カメラの種類 kamera no shurui • types of camera

内蔵フラッシュ
naizō furasshu
flash

ポラロイドカメラ
poraroido kamera
Polaroid camera

デジタルカメラ
dejitaru kamera
digital camera

カメラ付き携帯電話
kameratsuki keitaidenwa
cameraphone

使い捨てカメラ
tsukaisute kamera
disposable camera

写真撮影 shashin satsuei • **photograph**

スプール
supūru
film roll

フィルム
firumu
film

ピントを合わせる
pinto o awaseru
focus (v)

現像する
genzō suru
develop (v)

ネガ
nega
negative

ランドスケープ
randosukēpu
landscape

ポートレート
pōtorēto
portrait

写真 shashin | **photograph**

アルバム
arubamu
photo album

写真用額縁
shashin-yō gakubuchi
picture frame

問題 mondai • **problems**

露出不足
roshutsu-busoku
underexposed

露出オーバー
roshutsu-ōbā
overexposed

ピンぼけ
pimboke
out of focus

赤目
akame
red eye

関連用語 kanrenyōgo • **vocabulary**

ファインダー faindā **viewfinder**	印画 inga **print**
カメラケース kamera kēsu **camera case**	無光沢 mukōtaku **matt**
露出 roshutsu **exposure**	光沢 kōtaku **gloss**
暗室 anshitsu **darkroom**	引き伸ばし hikinobashi **enlargement**

このフィルムを現像してください。
kono firumu o genzō shite kudasai.
I'd like this film processed.

ゲーム gēmu • games

チェス盤
chesuban
chessboard

黒
kuro
black

白
shiro
white

クイーン
kuīn
queen

キング
kingu
king

ビショップ
bishoppu
bishop

ポーン
pōn
pawn

ルーク
rūku
rook

ナイト
naito
knight

チェス
chesu
chess

升目
masume
square

駒
koma
tile

駒
koma
piece

チェッカー
chekkā
checkers

スクラブル sukuraburu | **Scrabble**

さいころ
saikoro
dice

駒
koma
counter

モノポリー
monoporī
Monopoly

バックギャモン bakkugyamon | **backgammon**

盤上ゲーム banjō gēmu | **board games**

切手収集 kitte shūshū
stamp collecting

ジグソーパズル jigusō pazuru
jigsaw puzzle

ドミノ domino
dominoes

ダーツボード
dātsubōdo
dartboard

金的
kinteki
bullseye

ダーツ dātsu | **darts**

ジョーカー
jōkā
joker

ジャック
jakku
jack

クイーン
kuīn
queen

キング
kingu
king

エース
ēsu
ace

ダイヤ
daiya
diamond

スペード
supēdo
spade

ハート
hāto
heart

クラブ
kurabu
club

トランプ torampu | **cards**

切る kiru | **shuffle (v)**

配る kubaru | **deal (v)**

関連用語 kanrenyōgo • vocabulary

手 te **move**	勝つ katsu **win (v)**	敗者 haisha **loser**	点 ten **point**	ブリッジ burijji **bridge**	さいころを転がしてください。 saikoro o korogashite kudasai. **Roll the dice.**
遊ぶ asobu **play (v)**	勝者 shōsha **winner**	ゲーム gēmu **game**	得点 tokuten **score**	トランプ一組 torampu hito-kumi **deck of cards**	誰の番ですか。 dare no ban desuka? **Whose turn is it?**
プレーヤー purēyā **player**	負ける makeru **lose (v)**	賭け kake **bet**	ポーカー pōkā **poker**	スート sūto **suit**	貴方の番です。 anata no ban desu. **It's your move.**

美術と工芸1 bijutsu to kōgei • **arts and crafts 1**

イーゼル
īzeru
easel

絵
e
painting

画家
gaka
artist

キャンバス
kyambasu
canvas

絵筆
efude
brush

パレット
paretto
palette

図画 zuga | **painting**

絵具 enogu • **paints**

油絵具
abura enogu
oil paints

水彩絵具
suisai enogu
watercolor paint

パステル
pasuteru
pastels

アクリル絵具
akuriru enogu
acrylic paint

ポスターカラー posutā
karā
poster paint

色 iro • **colours**

赤 aka | **red**

青 ao | **blue**

黄色 ki'iro
yellow

緑 midori | **green**

オレンジ色 orenji iro
orange

紫 murasaki
purple

白 shiro | **white**

黒 kuro | **black**

灰色 hai'iro | **gray**

ピンク pinku
pink

茶色 chairo
brown

藍色 ai'iro
indigo

他の工芸 ta no kōgei • other crafts

スケッチブック
suketchi bukku
sketchpad

鉛筆
empitsu
pencil

スケッチ
suketchi
sketch

インク
inku
ink

木炭
mokutan
charcoal

素描 sobyō | **drawing**

版画 hanga
printing

エッチング etchingu
engraving

石材
sekizai
stone

木槌
kizuchi
mallet

彫刻刀
chōkokutō
chisel

木材
mokuzai
wood

彫刻
chōkoku
sculpting

木工
mokkō
woodworking

成形道具
seikei dōgu
modelling tool

ロクロ
rokuro
potter's wheel

糊
nori
glue

厚紙
atsugami
cardboard

粘土
nendo
clay

コラージュ korāju | **collage**

陶芸 tōgei | **pottery**

ジュエリー制作
juerī seisaku
jewelry-making

張子
hariko
papier-mâché

折り紙
origami
origami

模型制作
mokei seisaku
model-making

美術と工芸2 bijutsu to kōgei • **arts and crafts 2**

糸案内
ito annai
thread guide

糸巻き
ito maki
thread reel

針
hari
needle

はずみ車
hazumi-guruma
balance wheel

押さえ
osae
presser foot

針板
hari ita
needle plate

模様選択
moyō sentaku
stitch selector

ミシン mishin | **sewing machine**

鋏
hasami
scissors

型紙
katagami
pattern

針刺し
harisashi
pincushion

メジャー
mejā
tape measure

生地
kiji
material

裁縫箱 saihō-bako
sewing basket

待針
machibari
pin

糸
ito
thread

受け金
ukegane
eye

ボビン
bobin
bobbin

鉤ホック
kagi hokku
hook

指貫
yubinuki
thimble

チャコ
chako
tailor's chalk

ダミー
damī
tailor's dummy

縫い目
nuime
stitch

糸を通す
ito o tōsu
thread (v)

縫う
nu'u
sew (v)

繕う
tsukurō
darn (v)

仮縫いする
karinui suru
tack (v)

切る
kiru
cut (v)

ニードルポイント
nīdorupointo
needlepoint

刺繍
shishū
embroidery

かぎ針
kagibari
crochet hook

かぎ針編み
kagibariami
crochet

マクラメ
makurame
macramé

パッチワーク
patchiwaku
patchwork

キルティング
kirutingu
quilting

レース用ボビン
rēsu-yō bobin
lace bobbin

レース編み
rēsuami
lace-making

機
hata
loom

機織り
hataori
weaving

編み針
amibari
knitting needle

毛糸
keito
wool

編み物 amimono | **knitting**

かせ kase | **skein**

関連用語 kanrenyōgo
• **vocabulary**

ほどく
hodoku
unpick (v)

ナイロン
nairon
nylon

布地
nunoji
fabric

絹
kinu
silk

綿
men
cotton

デザイナー
dezainā
designer

リネン
rinen
linen

ファッション
fasshon
fashion

ポリエステル
poriesuteru
polyester

ファスナー
fasunā
zip

環境 kankyō
environment

宇宙空間 uchūkūkan • space

水星
suisei
Mercury

地球
chikyū
Earth

火星
kasei
Mars

木星
mokusei
Jupiter

天王星
tennōsei
Uranus

海王星
kaiōsei
Neptune

冥王星
meiōsei
Pluto

金星
kinsei
Venus

太陽
taiyō
Sun

月
tsuki
Moon

土星
dosei
Saturn

太陽系 taiyōkei | solar system

尾
o
tail

星
hoshi
star

銀河系
gingakei
galaxy

星雲
seiun
nebula

小惑星
shōwakusei
asteroid

彗星
suisei
comet

関連用語 kanrenyōgo • vocabulary

宇宙
uchū
universe

ブラックホール
burakku hōru
black hole

満月
mangetsu
full moon

軌道
kidō
orbit

惑星
wakusei
planet

新月
shingetsu
new moon

重力
jūryoku
gravity

流星
ryūsei
meteor

三日月
mikazuki
crescent moon

食 shoku | eclipse

宇宙探検 uchū tanken • space exploration

レーダー
rēdā
radar

スラスター
surasutā
thruster

スペースシャトル
supēsu shatoru
space shuttle

宇宙服
uchūfuku
space suit

ブースター
būsutā
booster

乗船口
jōsen-guchi
crew hatch

宇宙飛行士 uchūhikōshi
astronaut

月着陸船 tsukichakurikusen | lunar module

発射台
hasshadai
launch pad

発射
hassha
launch

人工衛星
jinkōeisei
satellite

宇宙ステーション
uchū sutēshon
space station

天文学 tenmongaku • astronomy

星座
seiza
constellation

双眼鏡
sōgankyō
binoculars

天体望遠鏡
tentaibōenkyō
telescope

三脚
sankyaku
tripod

地球 chikyū • Earth

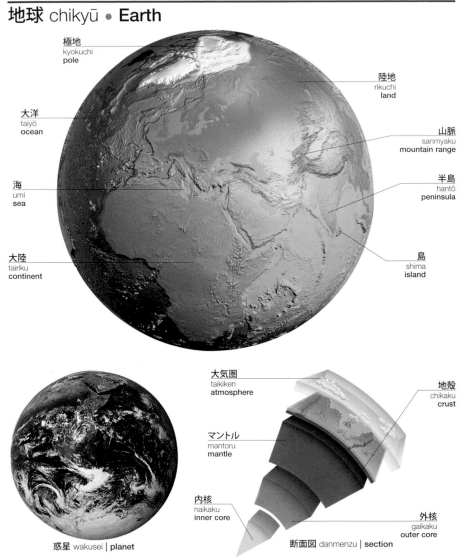

極地
kyokuchi
pole

陸地
rikuchi
land

大洋
taiyō
ocean

山脈
sanmyaku
mountain range

海
umi
sea

半島
hantō
peninsula

大陸
tairiku
continent

島
shima
island

大気圏
taikiken
atmosphere

地殻
chikaku
crust

マントル
mantoru
mantle

内核
naikaku
inner core

外核
gaikaku
outer core

惑星 wakusei | planet

断面図 danmenzu | section

北極圏
hokkyokuken
Arctic circle

北極
hokkyoku
North pole

北回帰線
kita kaikisen
tropic of Cancer

北半球
kita hankyū
northern hemisphere

経度
keido
longitude

緯度
Ido
latitude

熱帯
nettai
tropics

南半球
minami hankyū
southern hemisphere

赤道
sekidō
equator

南回帰線
minami kaikisen
tropic of Capricorn

地帯 chitai | zones

関連用語
kanrenyōgo
• vocabulary

地震
jishin
earthquake

プレート
purēto
plate

噴火する
funka suru
erupt (v)

微震
bishin
tremor

溶岩
yōgan
lava

火道
kadō
vent

火山灰
kazambai
ash

マグマ溜まり
maguma
damari
chamber

マグマ
maguma
magma

火山 kazan | volcano

噴火口 funkakō | crater

地勢 chisei • landscape

山
yama
mountain

斜面
shamen
slope

川岸
kawagishi
bank

川
kawa
river

急流
kyūryū
rapids

岩
iwa
rocks

氷河
hyōga
glacier

谷間 tanima | **valley**

丘陵
kyūryō
hill

台地
daichi
plateau

渓谷
keikoku
gorge

洞窟
dōkutsu
cave

平野 heiya | plain

砂漠 sabaku | desert

森林 shinrin | forest

林地 rinchi | woods

雨林
urin
rainforest

湿地
shitchi
swamp

草地
kusachi
meadow

草原
sōgen
grassland

滝
taki
waterfall

渓流
keiryū
stream

湖
mizu'umi
lake

間欠泉
kanketsusen
geyser

海岸
kaigan
coast

崖
gake
cliff

珊瑚礁
sangoshō
coral reef

河口
kakō
estuary

気象 kishō • weather

外気圏
gaikiken
exosphere

オーロラ
ōrora
aurora

熱圏
netsuken
thermosphere

晴天 seiten | **sunshine**

中間圏
chūkanken
mesosphere

電離圏
denriken
ionosphere

紫外線
shigaisen
ultraviolet rays

成層圏
seisōken
stratosphere

オゾン層
ozonsō
ozone layer

大気圏 taikiken | **atmosphere**

対流圏
tairyūken
troposphere

風 kaze | **wind**

関連用語 kanrenyōgo • vocabulary

霙 mizore **sleet**	晴れ hare **sunny**	寒い samui **cold**	雨がちな ame-gachi na **wet**	強風 kyōfū **gale**	暑い/寒いです。 atsui/samui desu. **I'm hot/cold.**
雹 hyō **hail**	曇り kumori **cloudy**	暖かい atatakai **warm**	湿気の多い shikke no ōi **humid**	気温 kion **temperature**	雨が降っています。 ame ga futte imasu. **It's raining.**
雷 kaminari **thunder**	暑い atsui **hot**	乾燥した kansō shita **dry**	風の強い kaze no tsuyoi **windy**	台風 taifū **typhoon**	... 度です。 ... do desu. **It's ... degrees.**

雲 kumo | cloud

雨 ame | rain

稲妻 inazuma lightning

嵐 arashi | storm

靄 moya | mist

霧 kiri | fog

虹 niji | rainbow

雪 yuki | snow

霜 shimo | frost

氷 kōri | ice

氷柱 tsurara icicle

氷結 hyōketsu | freeze

ハリケーン harikēn hurricane

旋風 tsumujikaze tornado

モンスーン monsūn monsoon

洪水 kōzui | flood

岩石 ganseki • rocks

火成岩 kaseigan • igneous

花崗岩
kakōgan
granite

黒曜石
kokuyōseki
obsidian

玄武岩
gembugan
basalt

軽石
karuishi
pumice

堆積岩 taisekigan • sedimentary

砂岩
sagan
sandstone

石灰岩
sekkaigan
limestone

白亜
hakua
chalk

燧石
suiseki
flint

礫岩
rekigan
conglomerate

石炭
sekitan
coal

変成岩 henseigan • metamorphic

粘板岩
nembangan
slate

片岩
hengan
schist

片麻岩
henmagan
gneiss

大理石
dairiseki
marble

宝石 hōseki • gems

ルビー
rubī
ruby

アメジスト
amejisuto
amethyst

ジェット
jetto
jet

ダイヤモンド
daiyamondo
diamond

オパール
opāru
opal

ムーンストーン
mūnsutōn
moonstone

ガーネット
gānetto
garnet

アクアマリン
akuamarin
aquamarine

翡翠
hisui
jade

エメラルド
emerarudo
emerald

サファイア
safaia
sapphire

トパーズ
topāzu
topaz

トルマリン
torumarin
tourmaline

鉱石 kōseki • minerals

石英
sekiei
quartz

雲母
unmo
mica

硫黄
iō
sulfur

ヘマタイト
hemataito
hematite

方解石
hōkaiseki
calcite

孔雀石
kujakuseki
malachite

トルコ石
torukoishi
turquoise

縞瑪瑙
shimamenō
onyx

瑪瑙
menō
agate

黒鉛
kokuen
graphite

金属 kinzoku • metals

金
kin
gold

銀
gin
silver

プラチナ
purachina
platinum

ニッケル
nikkeru
nickel

鉄
tetsu
iron

銅
dō
copper

錫
suzu
tin

アルミニウム
aruminiumu
aluminium

水銀
suigin
mercury

亜鉛
aen
zinc

動物1 dōbutsu • animals 1
哺乳類 honyūrui • mammals

髭
hige
whiskers

尾
o
tail

兎
usagi
rabbit

ハムスター
hamusutā
hamster

二十日鼠
hatsukanezumi
mouse

鼠
nezumi
rat

針鼠
harinezumi
hedgehog

栗鼠
risu
squirrel

蝙蝠
kōmori
bat

狸
tanuki
raccoon

狐
kitsune
fox

狼
ōkami
wolf

子犬
koinu
puppy

子猫
koneko
kitten

子海豹
ko-azarashi
pup

犬
inu
dog

猫
neko
cat

獺
kawauso
otter

海豹
azarashi
seal

ひれ足
hire ashi
flipper

噴気孔
funkikō
blowhole

海驢
ashika
sea lion

海象
seiuchi
walrus

鯨
kujira
whale

海豚
iruka
dolphin

枝角
eda tsuno
antler

鬣
tategami
mane

蹄
hizume
hoof

こぶ
kobu
hump

鹿
shika
deer

縞馬
shimauma
zebra

麒麟
kirin
giraffe

駱駝
rakuda
camel

鼻
hana
trunk

牙
kiba
tusk

角
tsuno
horn

河馬
kaba
hippopotamus

象
zō
elephant

犀
sai
rhinoceros

虎
tora
tiger

鬣
tategami
mane

ライオン
raion
lion

猿
saru
monkey

ゴリラ
gorira
gorilla

コアラ
koara
koala

袋
fukuro
pouch

パンダ
panda
panda

カンガルー
kangarū
kangaroo

熊
kuma
bear

爪
tsume
claw

北極熊
hokkyokuguma
polar bear

動物2 dōbutsu • animals 2
鳥類 chōrui • birds

尾
o
tail

カナリヤ
kanariya
canary

雀
suzume
sparrow

蜂鳥
hachidori
hummingbird

燕
tsubame
swallow

烏
karasu
crow

鳩
hato
pigeon

啄木鳥
kitsutsuki
woodpecker

隼
hayabusa
falcon

梟
fukurō
owl

鴎
kamome
gull

鷲
washi
eagle

ペリカン
perikan
pelican

フラミンゴ
furamingo
flamingo

鸛
kōnotori
stork

鶴
tsuru
crane

ペンギン
pengin
penguin

駝鳥
dachō
ostrich

鵞鳥 gachō | goose

白鳥
hakuchō
swan

孔雀
kujaku
peacock

雉
kiji
pheasant

七面鳥
shichimenchō
turkey

嘴
kuchibashi
bill

羽根
hane
feather

翼
tsubasa
wing

爪
tsume
claw

鸚哥
inko
cockatoo

鸚鵡
ōmu
parrot

爬虫類 hachūrui • reptiles

鱗
uroko
scales

アリゲーター
arigētā
alligator

蜥蜴
tokage
lizard

イグアナ
iguana
iguana

甲羅
kōra
shell

亀
kame
turtle

陸亀
riku-game
tortoise

蛇
hebi
snake

鼻
hana
snout

クロコダイル
kurokodairu
crocodile

動物3 dōbutsu • animals 3
両生類 ryōseirui • amphibians

蛙
kaeru
frog

蟇蛙
hikigaeru
toad

おたまじゃくし
otamajakushi
tadpole

山椒魚
sanshō'uo
salamander

魚類 gyorui • fish

鰻
unagi
eel

鮫
same
shark

竜の落とし子
tatsu-no-otoshigo
sea horse

雁木鱏
gangiei
skate

海鷂魚
ei
ray

金魚
kingyo
goldfish

背鰭
sebire
dorsal fin

鰓
era
gill

女梶木 mekajiki | **swordfish**

胸鰭
munabire
pectoral fin

尾
o
tail

鱗
uroko
scale

鯉 koi | **koi carp**

無脊椎動物 musekitsui dōbutsu • invertebrates

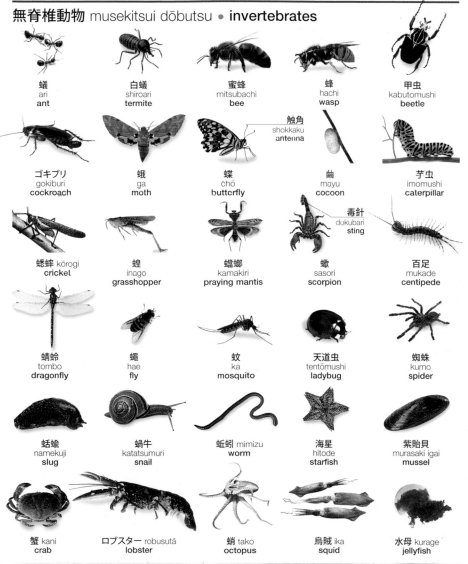

蟻
ari
ant

白蟻
shiroari
termite

蜜蜂
mitsubachi
bee

蜂
hachi
wasp

甲虫
kabutomushi
beetle

ゴキブリ
gokiburi
cockroach

蛾
ga
moth

触角
shokkaku
antenna

蝶
chō
butterfly

繭
mayu
cocoon

芋虫
imomushi
caterpillar

蟋蟀 kōrogi
cricket

蝗
inago
grasshopper

蟷螂
kamakiri
praying mantis

毒針
dokubari
sting

蠍
sasori
scorpion

百足
mukade
centipede

蜻蛉
tombo
dragonfly

蠅
hae
fly

蚊
ka
mosquito

天道虫
tentōmushi
ladybug

蜘蛛
kumo
spider

蛞蝓
namekuji
slug

蝸牛
katatsumuri
snail

蚯蚓 mimizu
worm

海星
hitode
starfish

紫貽貝
murasaki igai
mussel

蟹 kani
crab

ロブスター robusutā
lobster

蛸 tako
octopus

烏賊 ika
squid

水母 kurage
jellyfish

植物 shokubutsu • plants

木 ki • tree

葉
ha
leaf

枝
eda
branch

小枝
koeda
twig

樹皮
juhi
bark

柳
yanagi
willow

根
ne
root

幹
miki
trunk

樫 kashi | **oak**

ポプラ
popura
poplar

ユーカリ
yūkari
eucalyptus

唐松
karamatsu
larch

ブナ
buna
beech

白樺
shirakaba
birch

松
matsu
pine

ヒマラヤ杉
himarayasugi
cedar

楓
kaede
maple

楡
nire
elm

リンデン
rinden
lime

柊
hi'iragi
holly

実
mi
berry

椰子
yashi
palm

296

顕花植物 kenkashokubutsu
• flowering plant

花
hana
flower

雄蕊
oshibe
stamen

花弁
hanabira
petal

萼
gaku
calyx

分枝
bunshi
stalk

茎
kuki
stem

蕾
tsubomi
bud

金鳳花
kimpoge
buttercup

雛菊
hinagiku
daisy

薊
azami
thistle

蒲公英
tampopo
dandelion

ヒース
hīsu
heather

芥子
keshi
poppy

狐の手袋
kitsune-no-tebukuro
foxglove

忍冬
suikazura
honeysuckle

向日葵
himawari
sunflower

クローバー
kurōbā
clover

釣鐘水仙
tsurigane suisen
bluebells

桜草
sakurasō
primrose

ルーピン
rūpin
lupines

刺草
irakusa
nettle

市街 shigai • town

通り
tōri
street

縁石
fuchi'ishi
curb

街角
machikado
street corner

商店
shōten
shop

交差点
kōsaten
intersection

一方通行
ippōtsūkō
**one-way
system**

歩道
hodō
sidewalk

オフィスビル
ofisu biru
office building

マンション
manshon
**apartment
building**

路地
roji
alley

駐車場
chūshajō
parking lot

道路標識
dōro hyōshiki
street sign

ボラード
borādo
barrier

街灯
gaitō
streetlight

建物 tatemono • **buildings**

市庁舎
shichōsha
town hall

図書館
toshokan
library

映画館
eigakan
movie theater

劇場
gekijō
theater

大学
daigaku
university

摩天楼
matenrō
skyscraper

学校
gakkō
school

区域 kuiki • **areas**

工業団地
kōgyōdanchi
industrial park

都市
toshi
city

郊外
kōgai
suburb

村
mura
village

関連用語 kanrenyōgo • **vocabulary**

歩行者天国 hokōsha-tengoku **pedestrian zone**	**脇道** wakimichi **side street**	**マンホール** manhōru **manhole**	**排水溝** haisuikō **gutter**	**教会** kyōkai **church**
大通り ōdōri **avenue**	**広場** hiroba **square**	**バス停** basutei **bus stop**	**工場** kōjō **factory**	**下水道** gesuidō **drain**

建築 kenchiku • architecture

建物と構造 tatemono to kōzō
• buildings and structures

摩天楼
matenrō
skyscraper

城
shiro
castle

教会
kyōkai
church

モスク
mosuku
mosque

寺院
ji'in
temple

シナゴーグ
shinagōgu
synagogue

ダム
damu
dam

橋
hashi
bridge

小塔
shōtō
turret

尖塔
sentō
spire

濠
hori
moat

丸屋根
maruyane
dome

塔
tō
tower

アーチ形屋根
āchi-gata yane
vault

頂華
chōge
finial

破風
hafu
gable

コーニス
kōnisu
cornice

柱
hashira
pillar

大聖堂 daiseidō | **cathedral**

建築様式 kenchiku yōshiki • styles

アーキトレーブ
ākitorēbu
architrave

ゴシック goshikku | **gothic**

ルネサンス
runesansu
Renaissance

バロック
barokku
baroque

アーチ
āchi
arch

フリーズ
furīzu
frieze

聖歌隊席
seikatai seki
choir

ロココ
rokoko
rococo

ペディメント
pedimento
pediment

控え壁
hikaekabe
buttress

新古典主義
shinkotenshugi
neoclassical

アールヌーボー
āru nūbō
Art Nouveau

アールデコ
āru deko
Art Deco

参考資料 sankō shiryō
reference

時間 jikan • time

長針
chōshin
minute hand

短針
tanshin
hour hand

関連用語 kanrenyōgo • **vocabulary**

秒 byō **second**	現在 genzai **now**	15分 jūgo-fun **15 minutes**
分 fun **minute**	後 nochi **later**	20分 nijuppun **twenty minutes**
時 ji **hour**	30分 sanjuppun **half an hour**	40分 yonjuppun **forty minutes**

今、何時ですか。
ima nanji desuka?
What time is it?

3時です。
san-ji desu.
It's three o'clock.

時計
tokei
clock

1時5分
ichi-ji go-fun
five after one

1時10分
ichi-ji juppun
ten after one

1時15分
ichi-ji jūgo-fun
quarter after one

1時20分
ichi-ji nijuppun
twenty after one

秒針
byōshin
second hand

1時25分
ichi-ji nijūgo-fun
twenty-five after one

1時半
ichi-ji han
one-thirty

1時35分
ichi-ji sanjūgo-fun
twenty-five to two

1時40分前
ichi-ji yonjuppun
twenty to two

2時15分前
ni-ji jūgo-fun mae
quarter to two

2時10分前
ni-ji juppun mae
ten to two

2時5分前
ni-ji go-fun mae
five to two

2時
ni-ji
two o'clock

日中と夜 nicchū to yoru • **night and day**

真夜中 mayonaka | **midnight**

日の出 hinode | **sunrise**

夜明け yoake | **dawn**

朝 asa | **morning**

日没
nichibotsu
sunset

正午
shōgo
noon

夕暮れ yūgure | **dusk**

晩 ban | **evening**

午後 gogo | **afternoon**

関連用語 kanrenyōgo • **vocabulary**

早い
hayai
early

早いですね。
hayai desune.
You're early.

時間通りに来てください。
jikan-dōri ni kite kudasai.
Please be on time.

何時に終わりますか。
nanji ni owarimasuka?
What time does it finish?

時間通り
jikan-dōri
on time

遅刻です。
chikoku desu.
You're late.

また後で。
mata ato de.
I'll see you later.

遅くなってきました。
osokunatte kimashita.
It's getting late.

遅い
osoi
late

もうすぐ到着します。
mōsugu tōchaku
shimasu.
I'll be there soon.

何時に始まりますか。
nanji ni hajimarimasuka?
What time does it start?

時間は、どのくらいかかりますか。
jikan wa donokurai kakarimasuka?
How long will it last?

カレンダー karendā • calendar

月
tsuki
month

年
toshi
year

一月
ichigatsu
January

2010

曜日
yōbi
day

月曜日	火曜日	水曜日	木曜日	金曜日	土曜日	日曜日
getsuyōbi	kayōbi	suiyōbi	mokuyōbi	kin'yōbi	doyōbi	nichiyōbi
Monday	**Tuesday**	**Wednesday**	**Thursday**	**Friday**	**Saturday**	**Sunday**

週日
shūjitsu
work day

週
shū
week

日にち
hinichi
date

1	2	3	4	5	6	7
8	9	10	11	12	13	14
15	16	17	18	19	20	21

昨日
kinō
yesterday

今日
kyō
today

明日
ashita
tomorrow

週末
shūmatsu
weekend

関連用語 kanrenyōgo • vocabulary

一月	三月	五月	七月	九月	十一月
ichigatsu	sangatsu	gogatsu	shichigatsu	kugatsu	jūichigatsu
January	**March**	**May**	**July**	**September**	**November**
二月	四月	六月	八月	十月	十二月
nigatsu	shigatsu	rokugatsu	hachigatsu	jūgatsu	jūnigatsu
February	**April**	**June**	**August**	**October**	**December**

年 toshi • years

1900 一九〇〇年 sen kyūhyaku nen • nineteen hundred

1901 一九〇一年 sen kyūhyaku ichi nen • nineteen hundred and one

1910 一九一〇年 sen kyūhyaku jū nen • nineteen ten

2000 二〇〇〇年 nisen nen • two thousand

2001 二〇〇一年 nisen ichi nen • two thousand and one

季節 kisetsu • seasons

春
haru
spring

夏
natsu
summer

秋
aki
fall

冬
fuyu
winter

関連用語 kanrenyōgo • vocabulary

世紀 seiki **century**	今週 konshū **this week**	明後日 asatte **the day after tomorrow**	今日は何日ですか。 kyō wa nannichi desuka? **What's the date today?**
十年間 jūnenkan **decade**	先週 senshū **last week**	毎週 maishū **weekly**	2002年2月17日です。 nisen ni nen nigatsu jūshichi nichi desu. **It's February seventeenth, two thousand and two.**
千年間 sennenkan **millennium**	来週 raishū **next week**	毎月 maitsuki **monthly**	
二週間 nishūkan **fortnight**	一昨日 ototoi **the day before yesterday**	毎年 maitoshi **annual**	

数字 sūji • **numbers**

0	零 rei • **zero**		20	二十 nijū • **twenty**
1	一 ichi • **one**		21	二十一 nijūichi • **twenty-one**
2	二 ni • **two**		22	二十二 nijūni • **twenty-two**
3	三 san • **three**		30	三十 sanjū • **thirty**
4	四 shi/yon • **four**		40	四十 shijū/yonjū • **forty**
5	五 go • **five**		50	五十 gojū • **fifty**
6	六 roku • **six**		60	六十 rokujū • **sixty**
7	七 shichi/nana • **seven**		70	七十 shichijū/nanajū • **seventy**
8	八 hachi • **eight**		80	八十 hachijū • **eighty**
9	九 ku/kyū • **nine**		90	九十 kyūjū • **ninety**
10	十 jū • **ten**		100	百 hyaku • **one hundred**
11	十一 jūichi • **eleven**		110	百十 hyakujū • **one hundred and ten**
12	十二 jūni • **twelve**		200	二百 nihyaku • **two hundred**
13	十三 jūsan • **thirteen**		300	三百 sambyaku • **three hundred**
14	十四 jūshi/jūyon • **fourteen**		400	四百 yonhyaku • **four hundred**
15	十五 jūgo • **fifteen**		500	五百 gohyaku • **five hundred**
16	十六 jūroku • **sixteen**		600	六百 roppyaku • **six hundred**
17	十七 jūshichi/jūnana • **seventeen**		700	七百 nanahyaku • **seven hundred**
18	十八 jūhachi • **eighteen**		800	八百 happyaku • **eight hundred**
19	十九 jūku/jūkyū • **nineteen**		900	九百 kyūhyaku • **nine hundred**

1,000 — 千 sen • one thousand

10,000 — 一万 ichiman • ten thousand

20,000 — 二万 niman • twenty thousand

50,000 — 五万 goman • fifty thousand

55,500 — 五万五千五百 goman gosen gohyaku • **fifty-five thousand five hundred**

100,000 — 十万 jūman • one hundred thousand

1,000,000 — 百万 hyakuman • one million

1,000,000,000 — 十億 jūoku • one billion

一番目 ichi banme first

二番目 ni banme second

三番目 san banme third

四番目 yon banme • **fourth**

五番目 go banme • **fifth**

六番目 roku banme • **sixth**

七番目 nana banme • **seventh**

八番目 hachi banme • **eighth**

九番目 kyū banme • **ninth**

十番目 jū banme • **tenth**

十一番目 jūichi banme • **eleventh**

十二番目 jūni banme • **twelfth**

十三番目 jūsan banme • **thirteenth**

十四番目 jūyon banme • **fourteenth**

十五番目 jūgo banme • **fifteenth**

十六番目 jūroku banme • **sixteenth**

十七番目 jūnana banme • **seventeenth**

十八番目 jūhachi banme • **eighteenth**

十九番目 jūkyū banme • **nineteenth**

二十番目 nijū banme • **twentieth**

二十一番目 nijūichi banme • **twenty-first**

二十二番目 nijūni banme • **twenty-second**

二十三番目 nijūsan banme • **twenty-third**

三十番目 sanjū banme • **thirtieth**

四十番目 yonjū banme • **fortieth**

五十番目 gojū banme • **fiftieth**

六十番目 rokujū banme • **sixtieth**

七十番目 nanajū banme • **seventieth**

八十番目 hachijū banme • **eightieth**

九十番目 kyūjū banme • **ninetieth**

百番目 hyaku banme • **one hundredth**

計量 keiryō • **weights and measures**

面積 menseki • **area**

平方フィート
heihō fito
square foot

平方メートル
heihō mētoru
square meter

距離 kyori • **distance**

キロメートル
kiromētoru
kilometer

マイル
mairu
mile

上皿
uwazara
pan

ポンド
pondo
pound

キログラム
kiroguramu
kilogram

オンス
onsu
ounce

グラム
guramu
gram

KRUPS

秤 hakari | scales

関連用語 kanrenyōgo • **vocabulary**

ヤード yādo **yard**	トン ton **ton**	測る hakaru **measure (v)**
メートル mētoru **meter**	ミリグラム miriguramu **milligram**	量る hakaru **weigh (v)**

長さ nagasa • **length**

フィート
fito
foot

HELIX

ミリメートル
mirimētoru
millimeter

センチメートル
senchimētoru
centimeter

インチ
inchi
inch

容量 yōryō • capacity

0.5リットル
rei ten go rittoru
half-liter

パイント
painto
pint

容積
yōseki
volume

ミリリットル
miririttoru
milliliter

計量カップ keiryō kappu
measuring cup

液体計量器 ekitai keiryōki
liquid measure

関連用語
kanrenyōgo
• **vocabulary**

ガロン
garon
gallon

クオート
kuōto
quart

リットル
rittoru
liter

容器 yōki • container

紙パック
kami pakku
carton

包み
tsutsumi
packet

瓶
bin
bottle

袋
fukuro
bag

カップ形容器
kappu-gata yōki | **tub**

広口瓶 hirokuchi bin | **jar**

缶
kan
can

缶詰容器 kanzume yōki | **tin**

霧吹き kirifuki | **spray bottle**

棒
bō
bar

チューブ
chūbu
tube

ロール
rōru
roll

パック
pakku
pack

スプレー缶
supurē kan
spray can

世界地図 sekai chizu • **world map**

北海
hokkai
North Sea

北極海
hokkyokukai
Arctic Ocean

ロッキー山脈
rokkī sanmyaku
Rocky Mountains

カリブ海
karibukai
Caribbean Sea

アマゾニア
amazonia
Amazonia

太平洋
taiheiyō
Pacific Ocean

北
kita
north

西
nishi
west

東
higashi
east

コンパス
kompasu
compass

アンデス山脈
andesu
sanmyaku
Andes

大西洋
taiseiyō
Atlantic Ocean

南
minami
south

バルト海
barutokai
Baltic Sea

地中海
chichūkai
Mediterranean Sea

シベリア
shiberia
Siberia

黒海
kokkai
Black Sea

カスピ海
kasupikai
Caspian Sea

ヒマラヤ山脈
himaraya sanmyaku
Himalayas

アラビア海
arabiakai
Arabian Sea

インド洋
indoyō
Indian Ocean

紅海
kōkai
Red Sea

サハラ砂漠
sahara sabaku
Sahara Desert

南洋
nan'yō
Southern Ocean

北米と中米 hokubei to chūbei • North and Central America

ハワイ hawai
• Hawaii

1 アラスカ arasuka • Alaska

2 カナダ kanada • Canada

3 グリーンランド gurīnrando • Greenland

4 アメリカ合衆国 amerika gasshūkoku • United States of America

5 メキシコ mekishiko • Mexico

6 グアテマラ guatemara • Guatemala

7 ベリーズ berīzu • Belize

8 エルサルバドル erusarubadoru • El Salvador

9 ホンジュラス honjurasu • Honduras

10 ニカラグア nikaragua • Nicaragua

11 コスタリカ kosutarika • Costa Rica

12 パナマ panama • Panama

13 キューバ kyūba • Cuba

14 バハマ bahama • Bahamas

15 ジャマイカ jamaika • Jamaica

16 ハイチ haichi • Haiti

17 ドミニカ共和国 dominika kyōwakoku • Dominican Republic

18 プエルトリコ puerutoriko • Puerto Rico

19 バルバドス barubadosu • Barbados

20 トリニダード・トバゴ torinidādo tobago • Trinidad and Tobago

21 セントクリストファー・ネーヴィス sentokurisutofā nēvisu • St. Kitts and Nevis

22 アンティグア・バーブーダ antigua bābūda • Antigua and Barbuda

23 ドミニカ dominika • Dominica

24 セントルシア sentorushia • St. Lucia

25 セントビンセント及びグレナディーン諸島 sentobinsento oyobi gurenadīn shotō • St. Vincent and The Grenadines

26 グレナダ gurenada • Grenada

南米 nambei • South America

1 ベネズエラ benezuera • Venezuela

2 コロンビア korombia • Colombia

3 エクアドル ekuadoru • Ecuador

4 ペルー perū • Peru

5 ガラパゴス諸島 garapagosu shotō
  • Galapagos Islands

6 ギアナ giana • Guyana

7 スリナム surinamu • Suriname

8 仏領ギアナ futsuryō giana
  • French Guiana

9 ブラジル burajiru • Brazil

10 ボリビア boribia • Bolivia

11 チリ chiri • Chile

12 アルゼンチン aruzenchin • Argentina

13 パラグアイ paraguai • Paraguay

14 ウルグアイ uruguai • Uruguay

15 フォークランド諸島 fōkurando shotō
  • Falkland Islands

関連用語 kanrenyōgo • vocabulary

国 kuni **country**	地方 chihō **province**	地帯 chitai **zone**
国家 kokka **nation**	領土 ryōdo **territory**	地区 chiku **district**
大陸 tairiku **continent**	植民地 shokuminchi **colony**	地域 chi'iki **region**
州 shū **state**	公国 kōkoku **principality**	首都 shuto **capital**

ヨーロッパ yōroppa • **Europe**

1 アイルランド airurando • **Ireland**

2 英国 eikoku • **United Kingdom**

3 ポルトガル porutogaru • **Portugal**

4 スペイン supein • **Spain**

5 バレアレス諸島 barearesu shotō • **Balearic Islands**

6 アンドラ andora • **Andorra**

7 フランス furansu • **France**

8 ベルギー berugī • **Belgium**

9 オランダ oranda • **Netherlands**

10 ルクセンブルク rukusemburuku • **Luxembourg**

11 ドイツ doitsu • **Germany**

12 デンマーク denmāku • **Denmark**

13 ノルウェー noruwē • **Norway**

14 スウェーデン suwēden • **Sweden**

15 フィンランド finrando • **Finland**

16 エストニア esutonia • **Estonia**

17 ラトビア ratobia • **Latvia**

18 リトアニア ritoania • **Lithuania**

19 カリーニングラード karīningurādo • **Kaliningrad**

20 ポーランド pōrando • **Poland**

21 チェコ共和国 cheko kyōwakoku • **Czech Republic**

22 オーストリア ōsutoria • **Austria**

23 リヒテンシュタイン rihitenshutain • **Liechtenstein**

24 スイス suisu • **Switzerland**

25 イタリア itaria • **Italy**

26 モナコ monako • **Monaco**

27 コルシカ korushika • **Corsica**

28 サルディニア sarudinia • **Sardinia**

29 サンマリノ sanmarino • **San Marino**

30 バチカン市国 bachikan shikoku • **Vatican City**

31 シチリア shichiria • **Sicily**

32 マルタ maruta • **Malta**

33 スロベニア surobenia • **Slovenia**

34 クロアチア kuroachia • **Croatia**

35 ハンガリー hangarī • **Hungary**

36 スロバキア surobakia • **Slovakia**

37 ウクライナ ukuraina • **Ukraine**

38 ベラルーシ berarūshi • **Belarus**

39 モルドバ morudoba • **Moldova**

40 ルーマニア rūmania • **Romania**

41 セルビア serubia • **Serbia**

42 ボスニア・ヘルツェゴビナ bosunia herutsegobina • **Bosnia and Herzegovina**

43 アルバニア arubania • **Albania**

44 マケドニア makedonia • **Macedonia**

45 ブルガリア burugaria • **Bulgaria**

46 ギリシャ girisha • **Greece**

47 コソボ kosobo • **Kosovo**

48 モンテネグロ monteneguro • **Montenegro**

49 アイスランド aisurando • **Iceland**

アフリカ afurika • **Africa**

31 ソマリア somaria • **Somalia**

32 ケニア kenia • **Kenya**

33 ウガンダ uganda • **Uganda**

34 中央アフリカ共和国 chūō afurika kyōwakoku • **Central African Republic**

35 ガボン gabon • **Gabon**

36 コンゴ kongo • **Congo**

37 カビンダ kabinda • **Cabinda**

38 コンゴ民主共和国 kongo minshu kyōwakoku • **Democratic Republic of the Congo**

39 ルワンダ ruwanda • **Rwanda**

40 ブルンジ burunji • **Burundi**

41 モザンビーク mizambīku • **Mozambique**

42 タンザニア tanzania • **Tanzania**

43 マラウィ marawi • **Malawi**

44 ザンビア zambia • **Zambia**

45 アンゴラ angora • **Angola**

46 ナミビア namibia • **Namibia**

47 ボツワナ botsuwana • **Botswana**

48 ジンバブエ jimbabue • **Zimbabwe**

49 南アフリカ minami afurika • **South Africa**

50 レソト resoto • **Lesotho**

51 スワジランド suwajirando • **Swaziland**

52 コモロ komoro • **Comoros**

53 マダガスカル madagasukaru • **Madagascar**

54 モーリシャス mōrishasu • **Mauritius**

1 モロッコ morokko • **Morocco**

2 西サハラ nishi sahara • **Western Sahara**

3 モーリタニア mōritania • **Mauritania**

4 セネガル senegaru • **Senegal**

5 ガンビア ganbia • **Gambia**

6 ギニアビサウ giniabisau • **Guinea-Bissau**

7 ギニア ginia • **Guinea**

8 シエラレオネ shierareone • **Sierra Leone**

9 リベリア riberia • **Liberia**

10 コートジボワール kōtojibowāru • **Ivory Coast**

11 ブルキナファソ burukinafaso • **Burkina Faso**

12 マリ mari • **Mali**

13 アルジェリア arujeria • **Algeria**

14 チュニジア chunijia • **Tunisia**

15 リビア ribia • **Libya**

16 ニジェール nijēru • **Niger**

17 ガーナ gāna • **Ghana**

18 トーゴ tōgo • **Togo**

19 ベニン benin • **Benin**

20 ナイジェリア naijeria • **Nigeria**

21 サントメ・プリンシペ santome purinshipe • **São Tomé and Principe**

22 赤道ギニア sekidō ginia • **Equatorial Guinea**

23 カメルーン kamerūn • **Cameroon**

24 チャド chado • **Chad**

25 エジプト ejiputo • **Egypt**

26 スーダン sūdan • **Sudan**

27 南スーダン minami sūdan • **South Sudan**

28 エリトリア eritoria • **Eritrea**

29 ジブチ jipuchi • **Djibouti**

30 エチオピア echiopia • **Ethiopia**

アジア ajia • Asia

1 トルコ toruko • Turkey

2 キプロス kipurosu • Cyprus

3 ロシア連邦 roshia rempō • Russian Federation

4 グルジア gurujia • Georgia

5 アルメニア arumenia • Armenia

6 アゼルバイジャン azerubaijan • Azerbaijan

7 イラン iran • Iran

8 イラク iraku • Iraq

9 シリア shiria • Syria

10 レバノン rebanon • Lebanon

11 イスラエル isuraeru • Israel

12 ヨルダン yorudan • Jordan

13 サウジアラビア saujiarabia • Saudi Arabia

14 クウェート kuwēto • Kuwait

15 バーレーン bārēn • Bahrain

16 カタール katāru • Qatar

17 アラブ首長国連邦 arabu shuchō-koku rempō

• United Arab Emirates

18 オマーン omān • Oman

19 イエメン iemen • Yemen

20 カザフスタン kazafusutan • Kazakhstan

21 ウズベキスタン uzubekisutan • Uzbekistan

22 トルクメニスタン torukumenisutan

• Turkmenistan

23 アフガニスタン afuganisutan • Afghanistan

24 タジキスタン tajikisutan • Tajikistan

25 キリギスタン kirigisutan • Kyrgyzstan

26 パキスタン pakisutan • Pakistan

27 インド indo • India

28 モルディブ morudibu • Maldives

29 スリランカ suriranka • Sri Lanka

30 中国 chūgoku • China

31 モンゴル mongoru • Mongolia

32 北朝鮮 kita chōsen • North Korea

33 韓国 kankoku • South Korea

34 日本 nihon • Japan

35 ネパール nepāru • Nepal

36 ブータン būtan • Bhutan

37 バングラデシュ banguradeshu • Bangladesh

38 ビルマ（ミャンマー）biruma (myanmā) • Burma (Myanmar)

39 タイ tai • Thailand

40 ラオス raosu • Laos

41 ベトナム betonamu • Vietnam

42 カンボジア kambojia • Cambodia

オーストラレーシア
ōsutorarēshia • **Australasia**

1 オーストラリア ōsutoraria • **Australia**
2 タスマニア tasumania • **Tasmania**
3 ニュージーランド nyūjirando • **New Zealand**

43 マレーシア marēshia • **Malaysia**
44 シンガポール shingapōru • **Singapore**
45 インドネシア indoneshia • **Indonesia**
46 ブルネイ burunei • **Brunei**
47 フィリピン firipin • **Philippines**
48 東ティモール higashi timōru • **East Timor**
49 パプアニューギニア papuanyūginia
   • **Papua New Guinea**
50 ソロモン諸島 soromon shotō • **Solomon Islands**
51 バヌアツ banuatsu • **Vanuatu**
52 フィジー fijī • **Fiji**

不変化詞と反義語 fuhenkashi to hangigo
• particles and antonyms

... へ
... e
to ...

...から
... kara
from ...

...から離れて
... kara hanarete
away from...

...に向かって
... ni mukatte
towards ...

...の上方
... no jōhō
over ...

...の下方
... no kahō
under ...

...に沿って
... ni sotte
along ...

...を横切って
... o yokogitte
across ...

... の前
... no mae
in front of ...

...の後ろ
... no ushiro
behind ...

...と一緒に
... to issho ni
with ...

...なしで
... nashi de
without ...

...の上へ
... no ue e
onto ...

...の中へ
... no naka e
into ...

...以前
... izen
before ...

...以後
... igo
after ...

中
naka
in

外
soto
out

...までに
... made ni
by ...

...まで
... made
until ...

真上
maue
above

真下
mashita
below

早い
hayai
early

遅い
osoi
late

内側
uchigawa
inside

外側
sotogawa
outside

今
ima
now

後ほど
nochihodo
later

上へ
ue e
up

下へ
shita e
down

いつも
itsumo
always

決して...ない
kesshite ... nai
never

...で
... de
at ...

...の向こう
... no mukō
beyond ...

頻繁に
himpan ni
often

稀に
mare ni
rarely

...を通って
... o tōtte
through ...

...を回って
... o mawatte
around ...

昨日
kinō
yesterday

明日
ashita
tomorrow

...の上
... no ue
on top of ...

...の側
... no soba
beside ...

最初
saisho
first

最後
saigo
last

...の間
... no aida
between ...

...の向かい側
... no mukaigawa
opposite ...

あらゆる
arayuru
every

いくつかの
ikutsuka no
some

近い
chikai
near

遠い
tōi
far

およそ
oyoso
about

丁度
chōdo
exactly

ここ
koko
here

あそこ
asoko
there

少し
sukoshi
a little

沢山
takusan
a lot

大きい
ōkī
large

小さい
chīsai
small

熱い
atsui
hot

冷たい
tsumetai
cold

幅の広い
haba no hiroi
wide

幅の狭い
haba no semai
narrow

開いた
hiraita
open

閉まった
shimatta
closed

背の高い
se no takai
tall

背の低い
se no hikui
short

満ちた
michita
full

空の
kara no
empty

高い
takai
high

低い
hikui
low

新しい
atarashī
new

古い
furui
old

厚い
atsui
thick

薄い
usui
thin

明るい
akarui
bright

暗い
kurai
dark

軽い
karui
light

重い
omoi
heavy

簡単な
kantan na
easy

難しい
muzukashī
difficult

硬い
katai
hard

柔らかい
yawarakai
soft

空き
aki
free

使用中
shiyō-chū
occupied

湿った
shimetta
wet

乾いた
kawaita
dry

強い
tsuyoi
strong

弱い
yowai
weak

良い
yoi
good

悪い
warui
bad

太い
futoi
fat

細い
hosoi
thin

速い
hayai
fast

ゆっくりした
yukkurishita
slow

若い
wakai
young

老いた
oita
old

正しい
tadashī
correct

誤った
ayamatta
wrong

より良い
yori yoi
better

もっと悪い
motto warui
worse

きれいな
kirei na
clean

汚い
kitanai
dirty

黒
kuro
black

白
shiro
white

美しい
utsukushī
beautiful

醜い
minikui
ugly

面白い
omoshiroi
interesting

つまらない
tsumaranai
boring

高価な
kōka na
expensive

安い
yasui
cheap

病気の
byōki no
sick

健康な
kenkō na
well

静かな
shizuka na
quiet

うるさい
urusai
noisy

始め
hajime
beginning

終わり
owari
end

便利な表現 benri na hyōgen • useful phrases

基本的表現
kihonteki hyōgen
• **essential phrases**

はい
hai
Yes

いいえ
īe
No

多分
tabun
Maybe

どうぞ
dōzo
Please

ありがとう
arigatō
Thank you

どういたしまして
dō itashimashite
You're welcome

すみません
sumimasen
Excuse me

ごめんなさい
gomen nasai
I'm sorry

…しないでください
... shinaide kudasai
Don't ...

オーケー
ōkē
OK

それで結構です
sorede kekkō desu
That's fine

そうです
sōdesu
That's correct

違います
chigaimasu
That's wrong

挨拶 aisatsu
• **greetings**

もしもし
moshimoshi
Hello (on telephone)

さようなら
sayōnara
Goodbye

おはようございます
ohayō gozaimasu
Good morning

こんにちは
konnichiwa
Good afternoon

こんばんは
kombanwa
Good evening

おやすみなさい
oyasuminasai
Good night

お元気ですか
o-genki desuka
How are you?

私は…です
watashi wa ... desu
My name is…

お名前は何ですか
o-namae wa nan desuka?
What is your name?

彼/彼女のお名前は
kare/kanojo no o-namae wa?
What is his/her name?

…をご紹介します
... o go-shōkai shimasu
May I introduce…

こちらは…です
kochira wa ... desu
This is…

初めまして
hajimemashite
Pleased to meet you

また後で
mata ato de
See you later

標識 hyōshiki
• **signs**

観光案内所
kankō annai-jo
Tourist information

入口
iriguchi
Entrance

出口
deguchi
Exit

非常口
hijōguchi
Emergency exit

押す
osu
Push

危険
kiken
Danger

禁煙
kin'en
No smoking

故障中
koshōchū
Out of order

開館時間
kaikan jikan
Opening times

入場無料
nyūjō muryō
Free admission

全日営業
zennichi eigyō
Open all day

割引料金
waribiki ryōkin
Reduced price

特売
tokubai
Sale

ノックしてください
nokku shite kudasai
Knock before entering

芝生立ち入り禁止
shibafu tachi'iri kinshi
Keep off the grass

援助 enjo • **help**

助けてください
tasukete kudasai
Please help me

分かりません
wakarimasen
I don't understand

知りません
shirimasen
I don't know

英語/日本語を話せますか
eigo/nihongo o hanasemasuka?
Do you speak English/ Japanese?

英語を話せます
eigo hanasemasu
I speak English

スペイン語を話せます
supeingo o hanasemasu
I speak Spanish

もっとゆっくり言ってください
motto yukkuri itte kudasai
Please speak more slowly

書いてください
kaite kudasai
Please write it down for me

…をなくしました
... o nakushimashita
I have lost…

道案内 michi annai • directions

道に迷いました
michi ni mayoimashita
I am lost

...はどこですか
... wa doko desuka?
Where is the...?

最寄りの...はどこですか
moyori no ... wa doko
desuka?
Where is the nearest...?

お手洗いはどこですか
o-tearai wa doko desuka?
Where are the restrooms?

右です
migi desu
To the right

左です
hidari desu
To the left

まっすぐです
massugu desu
Straight ahead

...は、どのくらい離れて
いますか
... wa donokurai hanarete
imasuka
How far is...?

...への行き方を教えてく
ださい
... e no ikikata o oshiete
kudasai
How do I get to...?

道路標識 dōro hyōshiki • road signs

注意
chūi
Caution

進入禁止
shinnyū kinshi
No entry

スピード落せ
supīdo otose
Slow down

迂回路
ukairo
Detour

右側通行
migigawa tsūkō
Keep right

高速道路
kōsokudōro
Freeway

駐車禁止
chūsha kinshi
No parking

通行禁止
tsūkō kinshi
No through road

道路工事中
dōro kōji-chū
Road construction

一方通行
ippōtsūkō
One-way street

譲れ
yuzure
Give way

止まれ
tomare
Stop

屈折あり
kussetsu ari
Dangerous bend

宿泊 shukuhaku • accommodation

予約してあります
yoyaku shite arimasu
I have a reservation

朝食は何時ですか
chōshoku wa nanji
desuka
What time is breakfast?

食堂はどこですか
shokudō wa doko desuka?
Where is the dining room?

私の部屋は...号室です
watashi no heya wa
...-gōshitsu desu
My room number is...

...時に戻ります
... ji ni modorimasu
I'll be back at... o'clock

飲食 inshoku • eating and drinking

乾杯！
kampai !
Cheers!

美味しい/不味いです
oishī/mazui desu
It's delicious/awful

お酒は飲めません
o-sake wa nomemasen
I don't drink

煙草は吸いません
tabako wa suimasen
I don't smoke

肉は食べません
niku wa tabemasen
I don't eat meat

もう結構です
mō kekkō desu
**No more for me, thank
you**

もう少し、いただけます
か
mō sukoshi
itadakemasuka?
May I have some more?

会計をお願いします
kaikei o onegaishimasu
**Please give us the bill/
check**

領収書をください
ryōshūsho o kudasai
Please give us a receipt

禁煙席
kin'en seki
No-smoking area

健康 kenkō • health

体調が優れません
taichō ga suguremasen
I don't feel well

気分が悪いです
kibun ga warui desu
I feel sick

最寄りの医者の電話番号
は何ですか
moyori no isha no
denwabangō wa nan
desuka?
**What is the telephone
number of the nearest
doctor?**

ここが痛いです
koko ga itai desu
It hurts here

熱があります
netsu ga arimasu
I have a fever

妊娠...ヶ月です
ninshin ...-kagetsu desu
I'm... months pregnant

...の処方箋をください
... no shohōsen o kudasai
**I need a prescription
for...**

普段は...を飲みます
fudan wa ... o nomimasu
I normally take...

...にアレルギーがありま
す
... ni arerugī ga arimasu
I'm allergic to...

大丈夫ですか
daijōbu desuka?
Will he/she be all right?

日本語索引 nihongo sakuin • Japanese index

英語索引 eigo sakuin • English index

english

english

english

english

english

english

english

english

english

injury 46
ink 275
ink pad 173
inlet 61
inline skating 249
inner core 282
inner tube 207
inning 228
innocent 181
insect repellent 108, 267
inside 320
insomnia 71
inspector 94
install v 177
instep 15
instructions 109
instruments 256, 258
insulating tape 81
insulation 61
insulin 109
insurance 203
intensive care unit 48
interchange 194
intercom 59
intercostal 16
intercourse 20
interest rate 96
interior 200
intermission 254
internal systems 60
international flight 212
internet 177
intersection 298
interviewer 179
into 320
in-tray 172
invertebrates 295
investigation 94
investment 97
ionosphere 286
iPad© 176
iPod© 268
Iran 318
Iraq 318
Ireland 316
iris 51, 110
iron 76, 109, 233, 289
iron v 76
ironing board 76
island 282
Israel 318
Italy 316
itinerary 260
IUD 21
Ivory Coast 317

J

jack 203, 273
jacket 32, 34
jackhammer 187
jade 288
jam 134, 156

Jamaica 314
January 306
Japan 318
Japanese tea cup 64
Japanese floor cushion 64, 152
Japanese horseradish 124
Japanese low table 152
jar 134, 311
javelin 234
jaw 14, 17
jazz 259
jeans 31, 33
jelly bean 113
jellyfish 295
Jerusalem artichoke 125
jet 288
jet-skiing 241
jetty 217
jeweler 114, 188
jewelry 36
jewelry-making 275
jewelry box 36
jewelry store 114
jigsaw 78
jigsaw puzzle 273
jodhpurs 242
jog in place 251
jogging 251, 263
jogging suit 31, 32
joint 17, 119
joker 273
Jordan 318
journal 168
journalist 190
judge 180
judo 236
juices and milkshakes 149
juicy 127
July 306
jump 237, 243
jump v 227
jump ball 226
June 306
Jupiter 280
jury 180
jury box 180

K

kale 123
Kaliningrad 316
kangaroo 291
karate 236
kayak 241
Kazakhstan 318
kebab 155, 158
keel 214
keep net 244
kendo 236
Kenya 317

kernel 122, 129, 130
ketchup 135, 154
kettle drum 257
key 59, 80, 176, 207
keyboard 176, 258
keypad 97, 99
kick 237, 239
kick v 221, 223
kickboard 238
kickboxing 236
kickstand 207
kid 185
kidney 18, 119
kilogram 310
kilometer 310
kimono 35
king 272, 273
king shrimp 121
kippers 157
kitchen 66, 152
kitchen knife 68
kitchenware 68, 105
kitten 290
kiwifruit 128
knead v 138
knee 12
knee pad 205
knee support 227
kneecap 17
knee-length 34
knife 79, 80
knife sharpener 68, 118
knight 272
knitting 277
knitting needle 277
knockout 237
knuckle 15
koala 291
kohlrabi 123
koi carp 294
Kosovo 316
kumquat 126
kung fu 236
Kuwait 318
Kyrgyzstan 318

L

labels 89
labia 20
laboratory 166
lace 35, 37
lace bobbin 277
lace making 277
lace-up 37
lacrosse 249
lactose 137
ladder 95, 186
ladle 68
lady fingers 141
ladybug 295
lake 285
lamb 118, 185
lamp 62, 217

land 282
land v 211
landing 59
landing gear 210
landing net 244
landlord 58
landscape 271, 284
landscape v 91
lane 234, 238
languages 162
Laos 318
lapel 32
laptop 172, 176
larch 296
large 321
large intestine 18
larynx 19
last week 307
lat 16
late 305
later 304
latex paint 83
latitude 283
Latvia 316
laugh v 25
launch 281
launch pad 281
laundromat 115
laundry 76
laundry basket 76
laundry powder 77
laundry service 101
lava 283
law 169, 180
lawn 85, 90
lawn rake 88
lawnmower 88, 90
lawyer 180, 190
lawyer's office 180
laxative 109
lead singer 258
leaded 199
leaf 122, 296
league 223
lean meat 118
learn v 163
leather shoes 32, 37
leathers 205
Lebanon 318
lecture hall 169
leek 125
left 260
left field 228
left-hand drive 201
leg 12, 119
leg pad 225
leg press 251
legal advice 180
legal department 175
leggings 31
legumes 130
leisure 258, 254, 264
lemon 126
lemon curd 134

lemon grass 133
lemon sole 120
lemonade 144
length 165, 310
lens 270
lens (eye) 51
lens (glasses) 51
lens cap 270
lens case 51
Lesotho 317
lesson 163
let! 231
letter 98
letter slot 58, 99
lettuce 123
level 80, 187
lever 61, 150
Liberia 317
librarian 168, 190
library 168, 299
library card 168
Libya 317
license plate 198
licorice 113
liquor store 115
lid 61, 66
Liechtenstein 316
life events 26
life jacket 240
life preserver 240
life raft 240
lifeboat 214
lifeguard 239, 265
lifeguard tower 265
ligament 17
light 178, 321
light a fire v 266
light aircraft 211
light cream 137
light meter 270
lighter 112
lighthouse 217
lighting 105
lightning 287
lights 94
light switch 201
lily 110
lime 126, 296
limestone 288
limousine 199
line 244
line judge 220
line of play 233
linen 105, 277
linen basket 76
lines 165
linesman 223, 230
lingerie 35, 105
lining 32
lining paper 83
link 36
lintel 186
lion 291
lip 14

english

english

english

english

english

english

english

謝辞 shaji • acknowledgments

DORLING KINDERSLEY would like to thank Tracey Miles and Christine Lacey for design assistance, Georgina Garner for editorial and administrative help, Sonia Gavira, Polly Boyd, and Cathy Meeus for editorial help, and Claire Bowers for compiling the DK picture credits.

The publisher would like to thank the following for their kind permission to reproduce their photographs:
Abbreviations key: a-above; b-below/bottom; c-center; f-far; l-left; r-right; t-top)

123RF.com: Andriy Popov 34tl; Daniel Ernst 179tc; Hongqi Zhang 24cla. 175cr; Ingvar Bjork 60c; Kobby Dagan 259c; leonardo255 269c; Liubov Vadimovna (Luba) Nel 39cla; Ljupco Smokovski 75crb; Oleksandr Marynchenko 60bl; Olga Popova 33c; oneblink 49bc; Racorn 162tl; Robert Churchill 94c; Roman Gorielov 33bc; Ruslan Kudrin 35bc, 35br; Subbotina 39cra; Sutichak Yachaingkham 39tc; Tarzhanova 37tc; Vitaly Valua 39tl; Wavebreak Media Ltd 188bl; Wilawan Khasawong 75cb; **Action Plus:** 224bc; **Alamy Images:** 154t; A.T. Willett 287bcl; Alex Segre 105ca, 105cb, 195cl; Ambrophoto 24cra; Blend Images 168cr; Cultura RM 33r; Doug Houghton 107fbr; Ekkapon Sriharun 172bl; Hugh Threlfall 35tl; 176tr; Ian Allenden 48br; Ian Dagnall (iPod is a trademark of Apple Inc., registered in the U.S. and other countries) 268tc, 270t; Ievgen Chepil 250bc; imagebroker 199tl, 249c; keith morris 178c; Martyn Evans 210b; MBI 175tl; Michael Burrell 213cra; Michael Foyle 184bl; Oleksiy Maksymenko 105tc; Paul Weston 168br; Prisma Bildagentur AG 246b; Radharc Images 17r; RBtravel 112tl; Ruslan Kudrin 176tl; Sasa Huzjak 258t; Sergey Kravchenko 37ca; Sergio Azenha 270bc; Stanca Sanda (iPad is a trademark of Apple Inc., registered in the U.S. and other countries) 176bc; Stock Connection 287bcr; tarczas 35cr; vitaly suprun 176cl; Wavebreak Media ltd 39cl, 174b, 175tr; **Allsport/Getty Images:** 238cl; **Alvey and Towers:** 209 acr, 215bcl, 215bcr, 241cr; **Peter Anderson:** 188cbr, 271br. **Anthony Blake Photo Library:** Charlie Stebbings 114cl; John Sims 114tcl; **Andyalte:** 98tl; **apple mac computers:** 268tcr; **Arcaid:** John Edward Linden 301bl; Martine Hamilton Knight, Architects: Chapman Taylor Partners, 213cl; Richard Bryant 301br; **Argos:** 41tcl, 66cbl, 66cl, 66br, 66bcl, 69cl, 70bcl, 71t, 77tl, 269tcc, 270tl; **Axiom:** Eitan Simanor 105br; Ian Cumming 104; Vicki Couchman 148cr; **Beken Of Cowes Ltd:** 215cbc; **Bosch:** 76cr, 76tc, 76tcl; **Camera Press:** 38tr, 256t, 257cr; Barry J. Holmes 148tr; Jane Hanger 159cr; Mary Germanou 259bc; **Corbis:** Anna Clopet 247tr; Ariel Skelley / Blend Images 52l; Bettmann 181tl, 181tr; Blue Jean Images 48bl; Bo Zauders 156t; Bob Rowan 152bl; Bob Winsett 247cbl; Brian Bailey 247br; Carl and Ann Purcell 162l; Chris Rainer 247ctl; Craig Aurness 215bl; David H.Wells 249cbr; Dennis Marsico

274bl; Dimitri Lundt 236bc; Duomo 211tl; Gail Mooney 277ctcr; George Lepp 248c; Gerald Nowak 239b; Gunter Marx 248cr; Jack Hollingsworth 231bl; Jacqui Hurst 277cbr; James L. Amos 247bl, 191ctr, 220bcr; Jan Butchofsky 277cbc; Johnathan Blair 243cr; Jose F. Poblete 191br; Jose Luis Pelaez.Inc 153tc; Karl Weatherly 220bl, 247tcr; Kelly Mooney Photography 259tl; Kevin Fleming 249bc; Kevin R. Morris 105tr, 243tl, 243tc; Kim Sayer 249tcr; Lynn Goldsmith 258t; Macduff Everton 231bcl; Mark Gibson 249bl; Mark L. Stephenson 249tcl; Michael Pole 115tr; Michael S. Yamashita 247ctcl; Mike King 247cbl; Neil Rabinowitz 214br; Pablo Corral 115bc; Paul A. Sounders 169br, 249ctcl; Paul J. Sutton 224c, 224br; Phil Schermeister 227b, 248tr; R. W Jones 309; Richard Morrell 189bc; Rick Doyle 241ctr; Robert Holmes 97br, 277ctc; Roger Ressmeyer 169tr; Russ Schleipman 229; The Purcell Team 211ctcr; Vince Streano 194t; Wally McNamee 220bc, 220bcl, 224bl; Wavebreak Media LTD 191bc; Yann Arhus-Bertrand 249tl; **Demetrio Carrasco / Dorling Kindersley (c) Herge / Les Editions Casterman:** 112ccl; **Dorling Kindersley:** Banbury Museum 35c; Five Napkin Burger 152t; **Dixons:** 270cl, 270cr, 270bl, 270bcl, 270bcr, 270ccr; **Dreamstime.com:** Alexander Podshivalov 179tr, 191cr; Alexxl66 268tl; Andersastphoto 191tc; Andrey Popov 191bl; Arne9001 190tl; Chaoss 26c; Designsstock 269cl; Monkey Business Images 26clb; Paul Michael Hughes 162tr; Serghei Starus 190bc; **Education Photos:** John Walmsley 26tl; **Empics Ltd:** Adam Day 236br; Andy Heading 243c; Steve White 249cbc; **Getty Images:** 48bcl, 100t, 114bcr, 154bl, 287tr; 94tr; Don Farrall / Digital Vision 176c; Ethan Miller 270bl; Inti St Clair 179bl; Liam Norris 188br; Sean Justice / Digital Vision 24br; **Dennis Gilbert:** 106tc; **Hulsta:** 70t; **Ideal Standard Ltd:** 72r; **The Image Bank/Getty Images:** 58; **Impact Photos:** Eliza Armstrong 115cr; Philip Achache 246t; **The Interior Archive:** Henry Wilson, Alfie's Market 114bl; Luke White, Architect: David Mikhail, 59tl; Simon Upton, Architect: Phillippe Starck, St Martins Lane Hotel 100bcr, 100br; **iStockphoto.com:** asterix0597 163tl; EdStock 190br; RichLegg 26bc; SorinVidis 27cr; **Jason Hawkes Aerial Photography:** 216t; **Dan Johnson:** 35r; **Kos Pictures Source:** 215cbl, 240tc, 240tr; David Williams 216b; **Lebrecht Collection:** Kate Mount 169bc; **MP Visual.com:** Mark Swallow 202t; **NASA:** 280cr, 280ccl, 281tl; **P&O Princess Cruises:** 214bl; **P A Photos:** 181br; **The Photographers' Library:** 186bl, 186bc, 186t; **Plain and Simple Kitchens:** 66t; **Powerstock Photolibrary:** 169tl, 256t, 287tc; **PunchStock:** Image Source 195tr; **Rail Images:** 208c, 208 cbl, 209br; **Red Consultancy:** Odeon cinemas 257br; **Redferns:** 259br; Nigel Crane 259c; **Rex**

Features: 106br, 259tc, 259tr, 259bl, 280b; Charles Ommaney 114tcr; J.FF Whitehead 243cl; Patrick Barth 101tl; Patrick Frilet 189cbt; Scott Wiseman 287bl; **Royalty Free Images:** Getty Images/Eyewire 154bl; **Science & Society Picture Library:** Science Museum 202b; **Science Photo Library:** IBM Research 190cla; NASA 281cr; **SuperStock:** Ingram Publishing 62; Juanma Aparicio / age fotostock 172t; Nordic Photos 269tl; **Skyscan:** 168t, 182c, 298; Quick UK Ltd 212; **Sony:** 268bc; **Robert Streeter:** 154br; **Neil Sutherland:** 82tr, 83tl, 90t, 118, 188ctr, 196tl, 196tr, 299cl, 299bl; **The Travel Library:** Stuart Black 264t; **Travelex:** 97cl; **Vauxhall:** Technik 198t, 199tl, 199tr, 199cl, 199cr, 199cctl, 199ctcr, 199tcl, 199tcr, 200; **View Pictures:** Dennis Gilbert, Architects: ACDP Consulting, 106t; Dennis Gilbert, Chris Wilkinson Architects, 209tr; Peter Cook, Architects: Nicholas Crimshaw and partners, 208t; **Betty Walton:** 185br; **Colin Walton:** 2, 4, 7, 9, 10, 28, 42, 56, 92, 95c, 99tl, 99ncl, 102, 116, 120, 138t, 146, 150t, 160, 170, 191ctcl, 192, 218, 252, 260bcr, 260l, 261tr, 261c, 261cr, 271cbl, 271cbr, 271ctl, 278, 287br, 302, 401.

DK PICTURE LIBRARY:
Akhil Bahkshi; Patrick Baldwin; Geoff Brightling; British Museum; John Bulmer; Andrew Butler; Joe Cornish; Brian Cosgrove; Andy Crawford and Kit Hougton; Philip Dowell; Alistair Duncan; Gables; Bob Gathany; Norman Hollands; Kew Gardens; Peter James Kindersley; Vladimir Kozlik; Sam Lloyd; London Northern Bus Company Ltd; Tracy Morgan; David Murray and Jules Selmes; Musée Vivant du Cheval, France; Museum of Broadcast Communications; Museum of Natural History; NASA; National History Museum; Norfolk Rural Life Museum; Stephen Oliver; RNLI; Royal Ballet School; Guy Ryecart; Science Museum; Neil Setchfield; Ross Simms and the Winchcombe Folk Police Museum; Singapore Symphony Orchestra; Smart Museum of Art; Tony Souter; Erik Svensson and Jeppe Wikstrom; Sam Tree of Keygrove Marketing Ltd; Barrie Watts; Alan Williams; Jerry Young.

Additional Photography by Colin Walton.

Colin Walton would like to thank:
A&A News, Uckfield; Abbey Music, Tunbridge Wells; Arena Mens Clothing, Tunbridge Wells; Burrells of Tunbridge Wells; Gary at Di Marco's; Jeremy's Home Store, Tunbridge Wells; Noakes of Tunbridge Wells; Ottakar's, Tunbridge Wells; Selby's of Uckfield; Sevenoaks Sound and Vision; Westfield, Royal Victoria Place, Tunbridge Wells.

All other images © Dorling Kindersley
For further information see:
www.dkimages.com